W0398020

Elisabeth Sandmann erzählt in diesem Buch die Geschichte eines der größten Kunstskandale des 20. Jahrhunderts: Im Jahr 1907 schuf Gustav Klimt in Wien die »Goldene Adele«. Das Porträt von Adele Bloch-Bauer befand sich in Familienbesitz, bis es im Zuge der Enteignung jüdischen Besitzes von den Nazis geraubt wurde. Alle Bemühungen der Erben, es nach Kriegsende zurückzubekommen, scheiterten, ihre Forderungen wurden über Jahrzehnte hinweg von offizieller Seite abgewiesen. Bis sich Maria Altmann, Adeles Nichte, im hohen Alter dazu entschloss, in höchster Instanz den Staat Österreich zu verklagen – und schließlich das fast Undenkbare erreichte: die rechtmäßige Rückgabe der Kunstwerke.

Die Geschichte um die »Goldene Adele« ist die eines beispiellosen Unrechts, das noch lange nach dem Nationalsozialismus fortbestand – aber auch die einer sensationellen Restitution.

»Ich habe immer gehofft, dass die Gerechtigkeit ihren Lauf nimmt. Und genau das ist geschehen.« *Maria Altmann*

Elisabeth Sandmann, Verlegerin des gleichnamigen Verlags, beschäftigt sich seit Jahren mit dem Thema Restitution. Sie hat nach ihrer Lehre zur Verlagsbuchhändlerin Kunstgeschichte und Vergleichende Literaturwissenschaft in Bonn und Oxford studiert und über George Bernard Shaw promoviert.

insel taschenbuch 4483

Elisabeth Sandmann

Der gestohlene Klimt

ELISABETH SANDMANN

Der gestohlene Klimt

Wie sich Maria Altmann die Goldene Adele zurückholte

INSEL VERLAG

Für Charles Goldstein
(1936 – 2015)

Erste Auflage 2016
insel taschenbuch 4483
Insel Verlag Berlin 2016
© 2015, Elisabeth Sandmann Verlag GmbH, München
Lizenzausgabe mit freundlicher Genehmigung
Alle Rechte vorbehalten, insbesondere das des
öffentlichen Vortrags sowie der Übertragung durch
Rundfunk und Fernsehen, auch einzelner Teile.
Kein Teil des Werkes darf in irgendeiner Form
(durch Fotografie, Mikrofilm oder andere Verfahren)
ohne schriftliche Genehmigung des Verlages reproduziert
oder unter Verwendung elektronischer Systeme verarbeitet,
vervielfältigt oder verbreitet werden.
Vertrieb durch den Suhrkamp Taschenbuch Verlag
Umschlaggestaltung: Schimmelpenninck.Gestaltung, Berlin
Umschlagabbildung: Gustav Klimt, *Bildnis der Adele Bloch-Bauer I*, 1907
Foto: Artothek, Weilheim
Druck: CPI – Ebner & Spiegel, Ulm
Printed in Germany
ISBN 978-3-458-36183-1

Der gestohlene Klimt

Porträtfotografie Adele Bloch-Bauers, um 1910

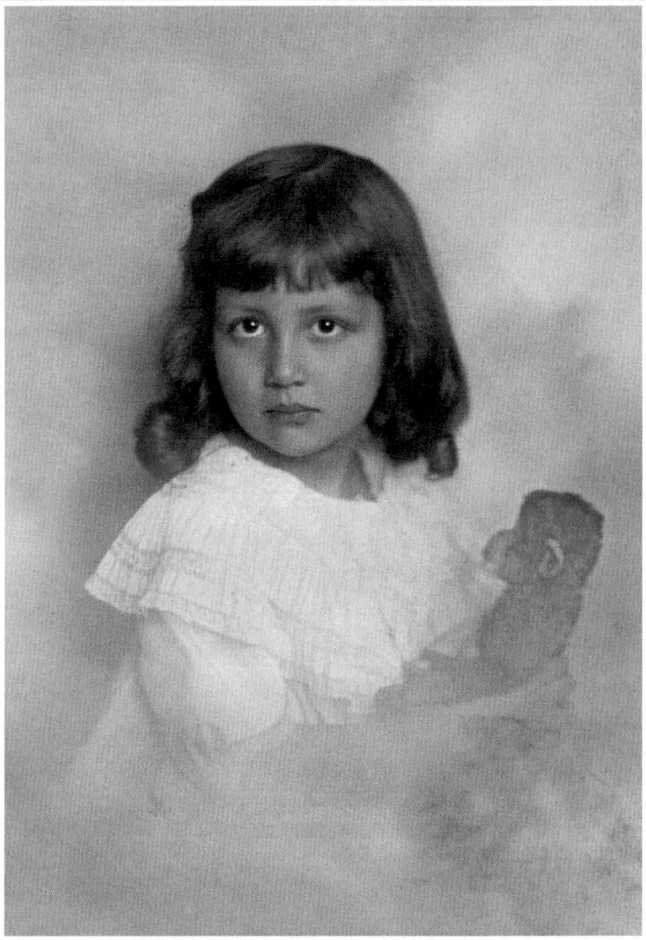

Marie Viktoria Bloch-Bauer, um 1920

Maria

»Ich bin im Jahr 1916 geboren und war neun Jahre alt, als Tante Adele starb.« Maria Altmann, 1999

Therese Bloch-Bauer hat bereits drei Söhne und eine Tochter, als sie 1915, im Alter von 41 Jahren, noch einmal schwanger wird. Ausgerechnet jetzt, wo die Söhne junge Männer sind und Luise, die Jüngste, immerhin schon acht Jahre alt ist, soll sie noch einmal von vorne anfangen und all die Zuwendung aufbringen, die kleine Kinder brauchen – eine Herausforderung, obwohl ausreichend Personal im Hause ist. Sie hatte ja vorgehabt, ihren Mann Gustav häufiger auf Reisen zu begleiten und das gesellschaftliche Treiben, das Wien trotz der Kriegsjahre immer noch zu bieten hat, in vollen Zügen zu genießen – und nun das!

Ganz anders ihre Schwester Adele: Kinderlos geblieben, führt sie das Leben einer in jeder Hinsicht emanzipierten Frau. Finanziell und geistig unabhängig, liebt sie es, sich mit Malern, Schriftstellern, Intellektuellen und Salonièren zu treffen, raucht Zigaretten, die in langen, eleganten Haltern stecken, und macht sich nichts aus dem, was die konventionelle großbürgerliche oder aristokratische Wiener Gesellschaft von ihr denkt. Doch bei allen Unterschieden im Lebensstil und in der Auffassung von individueller Freiheit und gesellschaftlicher Pflicht verbindet die beiden Schwestern, dass sie Brüder geheiratet haben. Die Bauer-Schwestern haben die Bloch-Brüder geehelicht, und die Paare führen den Doppelnamen Bloch-Bauer.

Beide Familien, die Blochs und die Bauers, sind vermögend und angesehen. Der Vater der Bauer-Töchter war erfolgreicher Bankier, der als Generaldirektor des Wiener Bankvereins einer der größten Banken der österreichisch-ungarischen Monarchie vorstand und Präsident der Orientbahnen war. Bei seinem Tod im Jahr 1905 hinterließ Moritz Bauer seinen beiden Söhnen und den Töchtern Therese und Adele ein beachtliches Vermögen. Der Vater der Brüder wiederum, David Bloch, war in Prag mit der Fabrikation von Zucker zu Wohlstand gekommen, dem »weißen Gold«, dessen Nachfrage stetig stieg. Die Österreichische Zuckerindustrie AG, die Ferdinand Bloch-Bauer von seinem Vater übernehmen wird, expandierte und produzierte um die Jahrhundertwende etwa 20 Prozent des Zuckerbedarfs im Habsburgerreich. Sein Bruder Gustav ist als Rechtsanwalt in Wien tätig. Beide Familien interessieren sich für Kunst, wenn auch für unterschiedliche Richtungen; man sammelt schöne Gegenstände, liest und reist ausgiebig, musiziert, ist gesellig und führt das Leben der privilegierten und kultivierten Schicht. Für die assimilierte jüdische Familie spielt der Glaube keine übergeordnete Rolle; Weihnachten und Ostern werden ebenso gefeiert wie das jüdische Lichterfest Hanukkah.

In diese wohlhabende, geistig offene und fürsorgliche Familie wird am 18. Februar 1916 Marie Viktoria Bloch-Bauer in Wien hineingeboren, und ihr Vater Gustav ist außer sich vor Freude. Auch die anderen Familienmitglieder verlieben sich schnell in den entzückenden Nachzügler. Die Familie wohnt in einem schönen Haus im vornehmen 1. Bezirk in der Stubenbastei, unweit vom Stephansdom. Tante Adele und Onkel Ferdinand residieren noch im 4. Bezirk, ziehen aber bald in ein herrschaftliches Palais in der Elisabethstraße

Gustav und Therese Bloch-Bauer, 1918

Adele und Ferdinand Bloch-Bauer, um 1920

18, etwa 15 Gehminuten entfernt, das im Stil des Historismus erbaut worden war.

Im Geburtsjahr der kleinen Marie hat sich die Kriegseuphorie, die beim Ausbruch des Ersten Weltkriegs 1914 herrschte, bereits gelegt, und Ernüchterung ist eingetreten. Natürlich hofft man immer noch auf den Sieg, aber die vielen Verwundeten, die heimkehren, und die unzähligen Toten, die einfach auf den Schlachtfeldern liegen bleiben, lassen die Menschen zunehmend an dem von den Kriegsherren in Deutschland und Österreich verordneten Optimismus zweifeln. Zudem ist die Lebensmittelversorgung der Stadt Wien, wie die des ganzen Landes, bedroht, und im Mai 1916 kommt es zu ersten Hungerkrawallen. Milch, Kaffee, Brot, Butter und andere Lebensmittel werden rationiert, gefüllte Brotkörbe in Restaurants gibt es nicht mehr – man muss nun sein Gebäck selbst mitbringen –, und die Not wird unübersehbar. Da die meisten Männer an der Front sind, werden Frauen als Schaffnerinnen und in anderen Berufen eingesetzt – es ist der Beginn einer Zeit, in der dem »schwachen Geschlecht« mit dem angeblich niedrigeren Intelligenzquotienten plötzlich mehr zugetraut wird, als sich nur um Heim und Herd zu kümmern.

All diese großen Veränderungen, die nicht nur Wien, sondern ganz Europa betreffen, verfolgten die Brüder Ferdinand und Gustav Bloch-Bauer mit Besorgnis, zumal auch der Zucker rationiert und die Not täglich größer wurde. Aber noch gibt es das große Habsburgerreich unter Kaiser Franz Joseph I., den deutschen Kaiser und den Zaren von Russland. Niemand ahnt, dass nur ein Jahr später die Revolution in Russland Nikolaus II. und das Zarenreich hinwegfegen werden, dass sich nach einem verlorenen Krieg Kaiser Wilhelm II.

ins holländische Exil begeben sollte und der Habsburger Thronfolger Kaiser Karl I. und seine Frau Zita eine 700 Jahre alte Dynastie hinter sich lassen und ebenfalls ins Exil gehen würden. 1919 werden drei große Monarchien von der Bildfläche verschwunden sein, und die gesamte europäische Landkarte hat sich für immer verändert.

Die kleine Marie, genannt Maria, wächst trotz der großen wirtschaftlichen, politischen und gesellschaftlichen Umwälzungen jener Zeit unter der Aufsicht ihrer Eltern behütet heran und wird von ihrem protestantischen Kindermädchen, Fräulein Emma Raschke, heiß geliebt. Marias Mutter ist darauf bedacht, ihre Tochter nicht zu sehr zu verwöhnen, und Maria wird später erzählen, sie habe als Kind ihre Kleider lange tragen müssen, bevor es ein neues gab. Es ziemte sich nicht, zu zeigen, was man hatte. Eine derartige Prahlerei hätte das gesellschaftliche Umfeld als vulgär empfunden. Geradezu verschwenderisch großzügig hingegen ist die Familie, wenn es um Kunst, Literatur und vor allem um Musik geht. Marias Vater Gustav ist ein begeisterter Musiker, der wöchentlich zu Kammermusikabenden einlädt und selbst das Cello spielt. Die Brüder Rothschild, denen er regelmäßig im »Tempel«, einem der jüdischen Gebetshäuser in Wien, begegnet und die seine Leidenschaft für dieses Instrument kennen, haben ihm auf Lebenszeit ein echtes Stradivari-Cello geliehen, das nun in einem verschlossenen Musikschrank verwahrt wird und sein ganzer Stolz ist.

Bevor die Nazi-Plünderer ab 1938 die jüdischen Familien in Österreich auszurauben beginnen, werden Juden per Gesetz zu Vermögensangaben gezwungen. Offizielle Stellen wissen also genau, wo was zu finden ist, und die Rothschilds, die

Gustav das Cello geliehen hatten, haben das Instrument auf ihrem Vermögensnachweis notgedrungen angegeben. Und so fragen die Männer von der Gestapo, als sie eines Morgens am Haus in der Stubenbastei klingeln – und Gustav glücklicherweise gerade einen Spaziergang macht –, direkt nach dem Stradivari-Cello, das an diesem Tag für immer verschwinden wird. Maria Altmann wird später sagen, ihr Vater sei wenige Wochen nach diesem Vorfall gestorben – »an gebrochenem Herzen«; schließlich hatte man ihm nicht irgendein Instrument geraubt, sondern sein, wie er stets zu sagen pflegte, »sechstes Kind«.

Aber noch ist das Jahr 1938 in weiter Ferne.

Maria besucht ab 1926 eine Schule für höhere Töchter, deren Schülerinnen meist aus jüdischen Familien stammen.

Die 1911 gegründete und nach Eugenie Schwarzwald benannte Schule basiert auf reformpädagogischen Grundsätzen und fördert die individuellen Begabungen ihrer Schützlinge. Eine auch nach heutigen Gesichtspunkten moderne Einrichtung. Es ist die erste Schule in Österreich, auf der Mädchen die Matura ablegen dürfen. Allerdings ist nicht anzunehmen, dass für die wohlhabenden Töchter eine akademische Ausbildung mit späterem Universitätsabschluss geplant war. Vielmehr ging es darum, den jungen Damen eine solide Allgemeinbildung angedeihen zu lassen, sodass sie moderne Sprachen beherrschen und in der Gesellschaft konversieren können. Es gehörte einfach zum guten Ton, auch als Mädchen eine ausgezeichnete Bildung vorweisen zu können. Diese Schuljahre werden vermutlich dazu beigetragen haben, dass Maria sich zu jener selbstbewussten Frau entwickeln konnte, die sie später wurde.

Zu ihrer Tante Adele, die mit Kindern nicht viel anzufangen weiß, hat Maria zwar regelmäßig Kontakt – wobei sich meistens das Gefühl einstellt, von ihr nicht wirklich wahrgenommen zu werden. Als das Mädchen neun Jahre alt ist, verstirbt die Tante völlig unerwartet, deren Erscheinungsbild, Ausdrucksweise, Autorität und Extravaganzen Maria trotz aller Fremdheit nachhaltig beeindruckt haben und an die sie sich ein Leben lang erinnern wird.

Tante Adele, Klimt und die Wiener Moderne

»Du brauchst kein Kunstgelehrter zu werden, aber Du musst wissen, was echt ist, was Styl ist.«

Adele Bloch-Bauer 1921 an ihren Neffen

Adele Bauer wird am 9. April 1881 als Tochter des Bankiers Moritz Bauer und dessen Frau Jeanette Bauer, geborene Honig, in Wien geboren. Die Familie hat insgesamt sieben Kinder, und sie ist die jüngste Tochter. Mit 15 Jahren stürzt sie der Tod ihres Lieblingsbruders Karl in eine tiefe Trauer. Diesen Schmerz wird sie zeit ihres Lebens mit sich herumtragen. Sie wird eine ernste, selten lachende, stets die Tiefe suchende Frau.

Adeles Leben ist kurz, aber intensiv. Bereits als junge Frau weiß sie, was sie will, was sie interessiert, mit wem sie Umgang haben möchte und welche politische Haltung für sie die richtige ist. Einzig in der Frage der Familiengründung folgt sie dem Rat ihrer Eltern und entscheidet sich für die damals übliche arrangierte Ehe. Sie heiratet im Jahr 1899 den fast doppelt so alten Ferdinand Bloch, der sie verehrt und ihr all den Freiraum lassen wird, den sie für sich reklamiert. Die Ehe bleibt nach zwei Fehlgeburten und dem Tod eines Säuglings kinderlos.

Ihrer sieben Jahre älteren Schwester Therese gegenüber empfindet sie zwar familiäre Nähe, aber keine Wesensverwandtschaft. Therese ist angepasst, Adele wird es im Laufe ihres kurzen Lebens immer weniger sein. Gerne hätte sie

Maria und ihre neun Jahre ältere Schwester Luise, um 1925

studiert, wissenshungrig, wie sie nun mal ist – aber das kommt für eine junge Dame aus ihrer Gesellschaftsschicht nicht infrage. Auch ist das Frauenstudium in Wien erst seit 1897 überhaupt zugelassen, jedoch noch nicht in allen Fächern. Alles, was ihr eine akademische Ausbildung hätte vermitteln können, bringt sich Adele deshalb durch intensive Beschäftigung mit Literatur, Kunst, Politik und Geschichte selbst bei. Sie liest nicht nur – sie geht den Dingen auf den Grund, sie will alles verstehen, Zusammenhänge herstellen, aus eigener Reflexion urteilen; sie will auf der Höhe ihrer Zeit sein. Ihr Anspruch an sich selbst könnte nicht ehrgeiziger sein, und ihren Idealen gerecht zu werden verlangt sie auch von anderen. An ihren Neffen Robert, der ihr besonders am Herzen liegt, schreibt sie 1921 in einem Brief:

»Du brauchst kein Kunstgelehrter zu werden, aber Du musst wissen, was echt ist, was Styl ist. Du musst sehen lernen. Denn wenn Du den ›Muschelsaal‹ in Potsdam schön findest, dann kann Dir ein Rembrandt, ein Vermeer nicht gefallen. Du musst das Gefühl für Qualität bekommen. Wenn Du mit Genuß die großen Werke der Kunst, der bildenden und der Dichtkunst, verstehend genießt, dann wirst Du auch die Menschen ermessen können, ob sie zu den qualitativ wertvollen oder wertlosen gehören.«

Aus diesen Zeilen spricht das Ideal klassischer Bildung und der Glaube, dass sich »wertvolle« Menschen an ihrer Liebe zur Kunst und ihre Humanität an ihrem Urteilsvermögen in künstlerischen Fragen erkennen lassen. Nur ein Jahrzehnt später wird von Adeles Idealismus nicht mehr viel mehr übrig sein, und solche Plädoyers werden für lange Zeit verstummen.

Adele ist nicht die Einzige, die in Wien so denkt. Wien ist, wie London und Paris, ein Zentrum geistiger Bewegungen in Europa. Intellektuelle, Schriftsteller, Musiker und Künstler zieht die Stadt wie ein Magnet an, aber sie erwartet auch viel von ihnen. Das Wiener Publikum ist es gewohnt, dass die Künstler nicht nur ihr Bestes geben, sondern neue und immer höhere Maßstäbe setzen. Stefan Zweig wird in *Die Welt von gestern* von einem »Kennertum ohnegleichen« sprechen, das es in Wien auf allen »kulturellen Gebieten« gab.

Am Burgtheater und in der Staatsoper werden Schauspieler, Sänger, Komponisten und Stückeschreiber euphorisch gefeiert, wenn sie gut sind. Die Schriftsteller Arthur Schnitzler und Hugo von Hofmannsthal werden sich mit der seelischen Verfassung der Stadt Wien und ihrer Bewohner auseinandersetzen, der Arzt Sigmund Freud wird in die Untiefen des Unbewussten hinableuchten, der Komponist Gustav Mahler liefert mit seinen Klanggemälden jene dunklen Vorahnungen, die so viele in dieser Zeit des Fin de Siècle wie einen feinen Dunst wahrnehmen, der sich über alles legt. Gustav Klimt wird in seinen Bildern Eros und Traumdeutung zu einer Symbiose verschmelzen lassen und damit eine neue Kunstform schaffen. Vor allem aber wird er als unangefochtener Meister der sogenannten »Sezessionsbewegung« die Seele Wiens neu verorten und eine Kunstrichtung etablieren, die auch den Aufbruch in die Moderne markiert. Klimt ist nicht irgendein Maler aus Österreich, sondern einer, der zu einem bestimmten Zeitpunkt die seelische Verfassung einer ganzen Stadt wie unter einem Brennglas bündelt. Dieser Umstand wird fast 100 Jahre später noch einmal eine zentrale Rolle spielen.

Gustav Klimt, um 1912

Zwischen Ravenna und Wien – Klimts goldener Triumph

»Mein Mann hat sich dann entschlossen, mich von Klimt porträtieren zu lassen, der aber erst im Winter an's Werk schreiten kann.«

Adele Bloch-Bauer an Julius Bauer, 1903

Als sich die noch unverheiratete Adele Bauer und der Frauenfreund Gustav Klimt vermutlich im Jahr 1899 begegnen, hätten keine unterschiedlicheren Welten aufeinandertreffen können: Adele, ein Mädchen noch, zart, anämisch anmutend, aus bestem, konservativem Hause, wohlhabend und gebildet, gleichzeitig von überspannter Nervosität – und Klimt, groß und kräftig, der, in tiefer Armut aufgewachsen, das Elend um sich herum gesehen hat und nun zum etablierten Künstler aufgestiegen ist, auf gesellschaftliche Konventionen pfeift und nach Arbeit und Ölfarbe riecht.

Vielleicht haben sich die beiden über Alma Schindler kennengelernt, jene forsche Freundin Adeles, die später den Komponisten Gustav Mahler und nach dessen Tod zuerst den Architekten Walter Gropius und dann den Schriftsteller Franz Werfel heiraten wird, ohne dass die Wirkung ihrer Ausstrahlung auf die Männerwelt nachlassen sollte. Angeblich war es nur dem besonnenen Einschreiten ihres Stiefvaters, des Künstlers Carl Moll, zu verdanken, dass es zwischen der 17-jährigen Alma und dem viel älteren Klimt nicht zum Äußersten kam. Allerdings teilt Alma ihren Freundinnen später mit, dass sie nun wisse, was ein echter Kuss sei. In ihrem Tagebuch aber wird sie enttäuscht davon berichten, wie schnell Klimt sie aufgegeben habe. Adele ist ebenso wie ihre Freundin ganz hingerissen von dem entschlossenen Mann und feinsinnigen Künstler. Sie ist fasziniert davon, wie Klimt sich von allem Festgefahrenem lossagt. Hier bricht einer mit alten Tabus, riskiert Skandale und schafft etwas ganz Neues. Adele wird mit ihrer hohen Sensibilität genau diese Schwingungen von Anfang an gespürt haben.

Sie ist bereits vier Jahre verheiratet, als ihr Mann Ferdinand 1903 den Wunsch äußert, seine nunmehr 22-jährige Frau von Klimt persönlich porträtieren zu lassen. Kein ganz einfaches Unterfangen, denn Klimt ist ein gefragter Künstler, dessen Bilder teuer und dessen Zeit rar ist, und so beginnt er auch nicht sofort mit der Arbeit. Ferdinand Bloch-Bauer aber kann warten, und Geld spielt keine Rolle. Auch der Umstand, dass Klimt einen Ruf als notorischer »Womanizer« hat und mit vielen seiner Modelle Affären beginnt, scheint den von seiner Frau faszinierten Ehemann nicht zu stören.

Adele wiederum, auf der ewigen Suche nach der wahren Kunst, wird mit Feuereifer in das Atelier in die Josefstädter Straße gefahren sein. Dort steht Klimt ein schlichtes Gartenhaus zur Verfügung, das er als Studio nutzt. Hier beginnt er die ersten Skizzen und Kohlezeichnungen anzufertigen, bevor er sich an das große Porträt in Öl wagt. Adele wird in diesem Gartenhaus über Jahre hinweg viele Stunden verbringen, und es werden Hunderte von Zeichnungen und Studien entstehen. Was sonst noch geschehen ist, kann nur vermutet werden. Ob sich Klimt ausgerechnet von dieser Muse nur küssen ließ, wer weiß es? Sicher ist, dass mit den Jahren ihre intellektuelle und künstlerische Seelenverwandtschaft immer weiter wuchs, sodass die Begegnung dieser Menschen

Studie zum Bildnis »Adele Bloch-Bauer I«, 1907

eine über den Tod hinausgehende schicksalhafte Bedeutung erlangen wird.

Klimt ist Anfang des neuen Jahrhunderts an einem Punkt angekommen, wo er keine Kompromisse mehr duldet, was seine Kunst anbelangt. Er hat die Wiener Universität mit Gemälden ausgestattet, die zum Teil heftig kritisiert wurden – nun möchte er nicht mehr mit der Stadt Wien zusammenarbeiten oder Auftragsarbeiten von Staatsdienern annehmen, deren Kunstverstand ihm rückwärtsgewandt erscheint und die ihn in seinem künstlerischen Ausdruck einschränken würden. Gegenüber seiner Freundin, der Salonière Berta Zuckerkandl, bringt er in einem Gespräch seine Frustration zum Ausdruck: »Genug Zensur. Ich greife zur Selbsthilfe. Ich will loskommen.«

Mit diesem neuen Gefühl der Freiheit beginnt die schöpferischste Phase des Künstlers und gleichzeitig sein Rückzug aus dem öffentlichen Leben. 1903, in dem Jahr also, in dem ihn Ferdinand Bloch-Bauer beauftragt, seine Frau zu porträtieren, reist Klimt nach Ravenna, um die Mosaiken in der frühchristlichen Kirche von San Vitale zu besichtigen. Die Farbenpracht, die durch die Verwendung von Halbedelsteinen und echtem Blattgold im 6. Jahrhundert erreicht wurde und seit damals nichts an Strahlkraft eingebüßt hat, beeindruckt Klimt. Auch er hat begonnen, die glatten Strukturen der Leinwand aufzubrechen und mit Farb- und Materialschichten zu experimentieren. Mit Blattgold hat er bereits gearbeitet – das Edelmetall ist ihm ohnehin nicht fremd, denn bei seinem Vater, einem Goldgraveur, hat er gesehen, wie feinste Arbeiten auszuführen sind. Nun wird er in seine »goldene Phase« eintreten und ein Feuerwerk an Ornamentik entzünden, das seinesgleichen sucht.

»Adele Bloch-Bauer I«, 1907,
Öl, Gold und Silber auf Leinwand, 138 x 138 cm

Inszenierung des Porträts »Adele Bloch-Bauer I« auf der Internationalen Kunstausstellung in Mannheim, 1907

Ausstellungsraum nach einem Entwurf von Josef Hoffmann

1907, also mehr als drei Jahre nach den ersten Vorarbeiten zu Adeles Porträt, ist das quadratische Bild im Format 1,38 mal 1,38 Meter fertig. Es ist eine Woge aus Gold- und Silberlagen, Mustern und Formen, die aus fernen Ländern zu stammen scheinen, und einer Figur, die sich in diesem Meer aus Ornamenten selbstbewusst behauptet. Adele hat ihr Haar wie eine japanische Geisha hochgesteckt; um ihren Hals trägt sie ein eng anliegendes, mit Steinen besetztes Collier, ihre Lippen sind rot, ihre schmalen Hände seltsam verschränkt – angeblich hatte sie einen missgebildeten Mittelfinger, auf den Klimt hier vielleicht unterschwellig anspielt. Konturen ihres Körpers sind kaum erkennbar – sie lösen sich auf und verschmelzen mit dieser Komposition aus Symbolen, um deren Dechiffrierung sich die Kunstgeschichte seither bemüht. Adele ist zu einer Herrscherin stilisiert, die der byzantinischen Kaiserin Theodora, deren Mosaik-Porträt Klimt in Ravenna studiert hatte, auf Augenhöhe begegnet wäre.

Begeisterung und Spott

»Alle sind Prinzessinnen für bessere, zartere Welten.«
Peter Altenberg, 1908

1907 wird das Gemälde *Adele Bloch-Bauer I* erstmals ausgestellt, zunächst als Teil einer als Gesamtkunstwerk angelegten Ausstellung, der Internationalen Kunstausstellung in Mannheim.

1908 zeigt es dann die Kunstschau Wien, auf deren Gelände von 6500 Quadratmetern eine Parade der Superlative zu sehen ist. 179 Künstler aus allen Bereichen präsentieren in 54 Räumen und Pavillons ihre Kunst – darunter Maler, Kunstgewerbler, Bühnenbildner, Bildhauer, Architekten. Die Gebäude sind extra für dieses Spektakel von einem der großen Jugendstil-Baumeister, Josef Hoffmann, entworfen worden. Gustav Klimt, der sich mit einigen seiner Mitstreiter aus der Sezession entzweit hatte, ist nun die treibende Kraft für die monumentale Ausstellung, mit der die »Wiener Moderne« sich selbst feiert. In diesem riesigen Areal also wird Adeles Porträt gemeinsam mit 16 weiteren Arbeiten Klimts, darunter auch seinem Meisterwerk *Der Kuss* (1908/09), in einem eigens für den Künstler reservierten Saal präsentiert – *Adele Bloch-Bauer I* wird innerhalb kürzester Zeit zum Stadtgespräch. Und die meisten Kritiker – wie etwa der Schriftsteller Peter Altenberg – erheben Klimt in den Rang eines Poeten, der Frauenbildnisse wie kein anderer darzustellen vermag: »Wie Endgebilde der zartesten Romantik der Natur selbst sind diese Frauenporträts. Wie die Dichter sie sich erträumen, zarte, edelgliedrige, gebrechliche Geschöpfe für ihre zärtlichen Begeisterungen, die nie verklingen und nie Erlösung finden! Die Hände der Ausdruck einer anmutigen Seele, kindlich leicht beschwingt, vornehm und gutmütig zugleich! Alle befinden sich außerhalb der Erdenschwere, wie sie sich auch sonst stellen mögen im realen Leben des Tages und der Stunde. Alle sind Prinzessinnen für bessere, zartere Welten. Der Maler hat es erschaut, hat sich nicht irremachen lassen, hat sie gerechterweise erhöht, zu ihren eigenen, in ihnen singenden und klagenden Idealen!«

Aber auch Gegenstimmen werden unter den Kritikern laut. Den sprachgewaltigen und scharfzüngigen Journalisten Karl Kraus reizt das Bildnis Adeles gar zu spöttischen Bemerkungen: »Ob sie nun Hygieia oder Judith, Frau X oder Frau Y heißen, alle seine Gestalten haben die Blässe der berufsmäßig unverstandenen Frauen, und Herr Klimt hat ihnen unverkennbare Schattenringe oder sagen wir lieber gleich Schottenringe um die düster glosenden Augen gemalt.«

Mit diesen Anspielungen auf die gesellschaftliche Herkunft (Klimts Klientel wohnte nicht selten in repräsentativen Häusern am Schottenring) und den Typus der vornehmen, aber eigentlich gelangweilten Frau (gemeint sind vor allem Klimts wohlhabende Kundinnen) spottet Kraus über Klimts Modelle, allesamt feine Damen, aber auch die Künstler trifft der Hohn des Berichterstatters, der seinem Unmut über die Vertreter der Sezession Luft macht, denen er eine zu große Nähe zu den im doppelten Sinne »einfluss-reichsten« Männern der Stadt unterstellt. Die Kunst, so sein Credo, sollte sich nicht vom Kapital korrumpieren lassen.

Ob Kraus nun Recht hatte mit seinen unverstandenen Frauen oder nicht: Im Falle von Adele ist seine Vermutung sicher nicht ganz abwegig – schließlich fühlte sie sich in dieser Gesellschaft fehl am Platz und konnte es sich doch nicht vorstellen, in einer anderen Stadt zu leben. Sie gehörte jedoch ohne Zweifel zu den wichtigsten Frauen-Persönlichkeiten der Stadt. Sie unterhielt ihren eigenen Salon, in dem die tonangebenden Männer und Frauen verkehrten, darunter der damalige »Bestsellerautor« Stefan Zweig. Auch verabschiedete sie sich immer stärker von Konventionen. So legte sie die engen Korsagen im wahrsten Sinne des Wortes ab und trug jene Reformkleider, die Klimts Freundin Emilie Flöge entwarf, schneiderte und erfolgreich vertrieb. Sie entdeckte die Ungerechtigkeiten einer wirtschaftlich instabilen Gesellschaft und unterstützte diverse soziale Projekte und Organisationen. Sie sah sich, was in Anbetracht ihrer Herkunft und ihrer gesellschaftlichen Stellung ungewöhnlich ist, als republikanisch gesinnte Sozialistin, lehnte also die Monarchie ab. Im Kontext der damaligen Zeit ist es ebenso erstaunlich, dass sie auf jedwede Glaubenszugehörigkeit verzichtete und sich als konfessionslos bezeichnet hat.

Ferdinand Bloch-Bauer wird unterdessen stolz auf das Porträt seiner Frau geblickt haben. Es ist bereits das zweite von Klimt erworbene Bild; 1903 schon hatte er sich für das Ölgemälde *Buchenwald/Birkenwald* (1903) interessiert und es gekauft. Vermutlich ist Adele diejenige gewesen, die ihren Mann dazu ermutigte, Bilder speziell von Klimt zu sammeln, denn der Schwerpunkt von Ferdinands Kunstinteresse lag eigentlich auf dem Gebiet der Malerei des späten 19. Jahrhunderts. Der Maler Ferdinand Waldmüller aus der Zeit des Biedermeier und der etwas später geborene Aquarellist Rudolf von Alt gehörten ebenso dazu wie Arbeiten des französischen Bildhauers Auguste Rodin. Außerdem besaß

Sorgenthal-Porzellan, 1797: Klassizistische Glanzstücke aus der Sammlung Bloch-Bauer

Ferdinand Bloch-Bauer eine der wertvollsten Sammlungen mit klassizistischem und handbemaltem Sorgenthal-Porzellan aus der Wiener Porzellanmanufaktur Augarten.

Die Klimt-Sammlung der Bloch-Bauers

»Er [brachte] wissenschaftlichen und künstlerischen Bestrebungen reges Interesse entgegen [...] und [förderte] sie mit reichen Mitteln.«

Über Ferdinand Bloch-Bauer, in:
Die geistige Elite Österreichs, 1936

Maria Altmann wird später davon berichten, wie ihr Vater seinen Bruder beim Erwerb von Kunst beriet. Doch nicht nur Adeles Mann konnte seine Sammelleidenschaft ausleben – auch Adele war aufgrund ihres eigenen Vermögens durchaus selbst in der Lage, größere Akquisitionen zu tätigen, und so kaufte sie bereits 1906 eine von der damals tonangebenden Wiener Werkstätte gestaltete Mappe mit 16 Zeichnungen Klimts. Die Wiener Werkstätte hatte es sich – wie die Sezessionisten – zum Ziel gesetzt, die Kunst zu erneuern. Hierbei sollten verschiedene Manufakturen mit einbezogen werden, um »Gesamtkunstwerke« aus Kunst und Kunsthandwerk entstehen zu lassen. So wurden Möbel, Porzellane, Schmuck, aber auch Bücher, Grafiken oder Plakate von verschiedenen Künstlerkollegen Klimts gestaltet. Die Bewegung hat nicht nur die Wohnkultur und natürlich auch die Kunst selbst reformiert und verändert, sie forderte auch die Gründung eines eigenen Museums, das die nun entstehenden Arbeiten angemessen zeigen und damit der Öffentlichkeit zugänglich machen würde. Zunächst wurden mit Unterstützung des Kaisers Franz Joseph im Unteren

»Buchenwald / Birkenwald«, 1903, Öl auf Leinwand, 110 x 110 cm

Belvedere provisorisch Ausstellungsflächen zur Verfügung gestellt. 1903 dann eröffnete die Moderne Galerie, die 1912 in Österreichische Staatsgalerie umbenannt wurde. Adele wird diese Entwicklung mit sehr viel Sympathie mitverfolgt haben; auch als Mäzenin trat sie insofern auf, als sie einige Werke Klimts der Österreichischen Staatsgalerie übergab, damit diese dort als »Leihgabe« ausgestellt werden konnten. Es war ihr wichtig, die Bilder dem jungen Museum zur Verfügung zu stellen, dem sie sich offensichtlich verbunden

»Schloss Kammer am Attersee III«, 1910, 110 x 110 cm

»Apfelbaum I«, 1912, Öl auf Leinwand, 109 x 110 cm

»Häuser in Unterach am Attersee,« um 1916, Öl auf Leinwand, 110 x 110 cm

»Adele Bloch-Bauer II«, 1912, Öl auf Leinwand, 190 x 120 cm

fühlte. Ein Umstand, der über 80 Jahre später eine beträchtliche Rolle spielen wird.

1910 erwarben Adele und ihr Mann das Bild *Schloss Kammer am Attersee III* (1909), und in den Jahren 1912 und 1919 kamen weitere Gemälde von Klimt hinzu: *Apfelbaum I* (1912), *Häuser in Unterach am Attersee* (1916). Unter den Erwerbungen war auch eine neuerliche Auftragsproduktion, ein weiteres Porträt Adeles, das als *Adele Bloch-Bauer II* (1912) bezeichnet wird.

Dass Klimt Adele als einzige Frau zweimal porträtiert hat, und das in einem Abstand von immerhin fünf Jahren, ist ein weiterer Beleg dafür, dass das Verhältnis zwischen ihm, Adele und Ferdinand ein besonders intensives war und auch über die Jahre blieb, zumal Klimt keineswegs auf Auftragsarbeiten angewiesen war: Er zählte bereits zu Lebzeiten zu den »teuersten« Malern Österreichs.

So entstand über die Jahre eine feine Klimt-Sammlung im Hause Bloch-Bauer, die – davon sollte man ausgehen – in besonderen Räumen präsentiert wurde. 1919 übersiedelten Ferdinand Bloch-Bauer und seine Frau in das herrschaftliche Palais in der Elisabethstraße 18 im vornehmen 1. Bezirk und damit in eine prachtvollere Immobilie mit deutlich besserer Innenstadtlage als zuvor in der Schwindstraße.

Im Anwesen dieses Zuschnitts gab es natürlich viel Personal, einen Concierge, große Stiegen und Zimmer für jeden Anlass: Räume für Besucher, private Appartements, diverse Salons, Herren-, Kamin- und Musikzimmer, elegante Gemächer sowie Loggien. Man könnte annehmen, dass in einem 2000 Quadratmeter großen Haus, wie es das Palais in der Elisabethstraße war, die Werke Klimts in einem der Empfangsräume gezeigt wurden, damit die vielen Gäste diese Sammlung bewundern konnten. Aber so war es nicht – ganz im Gegenteil: Klimt war im Jahr 1918 im Alter von nur 56 Jahren an den Folgen eines Schlaganfalls gestorben – und nun umgab ihn erst recht der Nimbus eines Titanen. Auch Adele wird den Verlust dieses wichtigen Wegbegleiters als großen Schmerz empfunden haben, und so hängte sie die Bilder nicht dahin, wo sie jeder hätte sehen können, sondern gestaltete einen intimen Raum, der als Gedenkzimmer weihevoll an den von ihr so verehrten Künstler erinnerte.

In dieser Privatheit konnte sie sich die beiden Porträts, die Klimt von ihr angefertigt hatte, und die Landschaftsbilder immer wieder ungestört ansehen. Eine Fotografie des Meisters, die ihn in seinem typischen langen Leinenkittel vor seinem Atelier zeigte, soll sie auf einem Tisch platziert haben.

Wien nach 1918 und Adeles Tod

»Krank, leidend, immer mit Kopfweh, rauchend wie ein Schlot, furchtbar zart, dunkel.«

Maria Altmann über ihre Tante, 2000

Im Todesjahr Klimts war der Erste Weltkrieg zu Ende gegangen, und im Jahr darauf schlossen die Siegermächte einen Friedensvertrag, der Österreich die Vereinigung mit Deutschland verbot. 1919 fanden Wahlen in den neuen Republiken Österreich und Deutschland statt, bei denen auch Frauen erstmals berechtigt waren, ihre Stimme abzugeben. Bei der Gemeinderatswahl in Wien waren die Sozialdemokraten mit der absoluten Mehrheit als Sieger hervorgegangen, worüber sich Adele Bloch-Bauer als Sympathisantin der »Roten« gefreut haben wird. Allerdings wird sie nicht zur Wahl gegangen sein, denn ihr Mann hatte für sie und sich selbst nach dem Zusammenbruch der Donaumonarchie in weiser Voraussicht die österreichische Staatsbürgerschaft abgelegt und die tschechoslowakische angenommen. Die tschechoslowakische Republik war nun ein souveräner Staat mit eigener Währung und einem sich schnell entwickelnden Nationalbewusstsein. Ganz im Unterschied zu Deutschland und Österreich profitierten manche Wirtschaftszweige der Tschechoslowakei von der neu gewonnenen Unabhängigkeit – und damit auch die dort ansässige Industrie. Ferdinand Bloch-Bauer, in Jungbunzlau in Böhmen geboren, hatte bereits im Jahr 1909 ein herrschaftliches Anwesen, Schloss Jungfer-Brezan, in der Nähe von Prag erworben. Während eine hohe

Geldentwertung, Versorgungsengpässe und Arbeitslosigkeit in den Nachkriegsjahren viele Unternehmen in Österreich in die Insolvenz trieben, konnte der Zuckermagnat sein Imperium schützen, ja sogar durch kluge Strategien vergrößern.

Man hatte also einen Wohnsitz in Wien, aber eben auch das herrschaftliche Anwesen in der Tschechoslowakei. Zwischen diesen Residenzen pendelten die Bloch-Bauers, wobei sie den Sommer gerne in ihrem Schloss verbrachten. Auch die kleine Maria besucht Tante und Onkel in dem neuen unabhängigen Staat, schreibt vom Schloss aus eine Ansichtskarte und ist auf einer Fotografie aus dem Jahr 1933 mit ihrem Onkel Ferdinand zu sehen. Vermutlich war man mit dem Chauffeur in einer komfortablen Limousine dorthin gereist. Da man einige Stunden unterwegs war, wird man längere Aufenthalte geplant haben, was ja auch kein Problem darstellte, schließlich bot das Schloss allen erdenklichen Komfort. Adele wird dort vermutlich viel gelesen und ihre umfassende Bildung vertieft haben. An ihren Neffen Robert schreibt sie: »Ich war und bin stets mein strengster Richter. Im Laufe der Jahre bin ich besser und reifer geworden und habe mir ein Recht erworben, auch meinerseits Kritik und hohe Anforderungen an meine Freunde zu stellen. Nur wer von sich das Höchste fordert, bringt es um einen Schritt weiter. Selbstzufriedene Menschen sind nicht entwicklungsfähig.«

Adele wird sich also mit ihren intellektuellen Gästen und Freunden über Kunst, Literatur und Politik unterhalten und dabei auch ihre eigene Meinung verteidigt haben; schließlich fühlte sie sich »reif« genug, diese zu äußern. Sie wird sich möglicherweise aber auch immer wieder ausgeruht ha-

Postkarte von Maria aus dem Jahr 1932, mit der Ansicht von Schloss Jungfern-Breschan, das Onkel Ferdinand und Tante Adele 1909 erworben hatten

Maria, etwa 11 Jahre alt, mit ihrem Vater in der Sommerfrische

ben, denn ihr gesundheitlicher Zustand ist labil. Fortwährend rät ihr die Familie, sich doch ärztlich untersuchen zu lassen, aber sie lehnt mit der Begründung ab, eine solche Zuwendung sei ein nicht statthaftes Privileg gegenüber jenen, die sich einen Arzt nicht leisten konnten. Diese Genügsamkeit der »sozialistischen« Adele ist wohl einer der Gründe für ihr relativ früh endendes Leben.

Wie schon erwähnt, erlebt Maria ihre Tante als interessante, aber wenig sympathische Persönlichkeit: »Krank, leidend, immer mit Kopfweh, rauchend wie ein Schlot, furchtbar zart, dunkel. Ein durchgeistigtes Gesicht, schmal, elegant. ›Süffisant, arrogant‹, so hat sie auf mich als Kind gewirkt. Stets auf der Suche nach geistiger Anregung.« Jahrelang hatte Adele über Unwohlsein und Kopfweh geklagt, und nun erkrankt sie schwer und liegt – umgeben von ihren Klimt-Bildern – vermutlich mit hohem Fieber und starken Kopfschmerzen in der Elisabethstraße im Bett. Schließlich verschlimmert sich ihr Zustand so stark, dass sie am 24. Januar 1925 im Alter von nur 43 Jahren an einer Hirnhautentzündung stirbt. Die »Neue Freie Presse« würdigt die Verstorbene und hebt ihr soziales und gesellschaftliches Engagement hervor. Auch das erste Porträt findet Erwähnung: »Kunstfreunde werden sich des berühmten Bildes erinnern, das Klimt von der vorzeitig verblichenen Dame gemalt hat.« Adele hinterlässt einen tieftraurigen Mann, der aus dem Klimt-Zimmer einen Weiheraum für seine geliebte Frau machen wird. Er wird in ihr Sterbezimmer jeden Tag frische Blumen stellen lassen – so lange, bis er sich als Jude in Wien nicht mehr sicher fühlen kann. Adele wird auf dem Wiener Zentralfriedhof beigesetzt; sie hatte verfügt, verbrannt zu werden. Bis über den Tod hinaus bleibt sie unkonventionell, denn das katholisch geprägte Wien lehnte Feuerbestattungen prinzipiell ab.

Vielleicht auch weil sie ohne direkte Nachkommen ist, hatte sie sich bereits 1923 dazu entschlossen, ein Testament aufzusetzen. Dieses handgeschriebene, vierseitige Dokument regelte ihr Erbe und die Verteilung ihres Vermögens. Es ist ein bei klarem Verstand, vermutlich unter Mitwirkung ihres als Anwalt tätigen Schwagers Gustav, geschriebenes Testament, das eindeutig festlegt, wem sie Kunst, Geld, Bücher und Schmuck zukommen lassen will. Dennoch wird dieses Dokument später zahlreiche Anwälte und andere Interessenten zu umfangreichen Deutungen, Interpretationen und Vermutungen herausfordern.

Adeles Testament

»Bei klarem Bewusstsein und unbeeinflusst verfüge ich ...«

Adele Bloch-Bauer, 1923

Wie nicht anders erwartet, setzt Adele ihren Mann als Universalerben ein. Darüber hinaus hinterlässt sie zwei sozialen Einrichtungen hohe Geldbeträge; sie bestimmt, wem der Bestand ihrer Bibliotheken übereignet werden soll, und sie bedenkt Neffen und Nichten mit ihrem Schmuck, den diese nach dem Tod ihres Mannes erhalten sollen. Testamentsvollstrecker ist ihr Schwager, der Rechtsanwalt Dr. Gustav Bloch-Bauer. Auch werden Verfügungen hinsichtlich der Klimt-Bilder getroffen. Hierzu hatte Adele geschrieben: »Meine beiden Porträts und die vier Landschaften von Gustav Klimt, bitte ich meinen Ehegatten nach seinem Tode der österr. Staatsgalerie in Wien, die mir gehörende Wiener und Jungfer-Brezaner Bibliothek der Wiener Volks u. Arbeiter Bibliothek zu hinterlassen.«

Die Frage, ob Adele Bloch-Bauer überhaupt Eigentümerin der Klimt-Bilder war – möglicherweise hatte sie ihr Mann mit seinem Geld gekauft –, wird Anwälte und Justiz über Jahrzehnte ebenso beschäftigen wie die Frage, was sie wohl mit »meine beiden Porträts« gemeint haben könnte. Bezog sie sich damit auf das ihr allein gehörende Eigentum, oder war das Possessivpronomen »meine« so zu deuten, dass sie selbst auf diesen Porträts gezeigt wurde, es also »ihre« Bildnisse waren? Für Verwirrung unter den Juristen sorgte auch

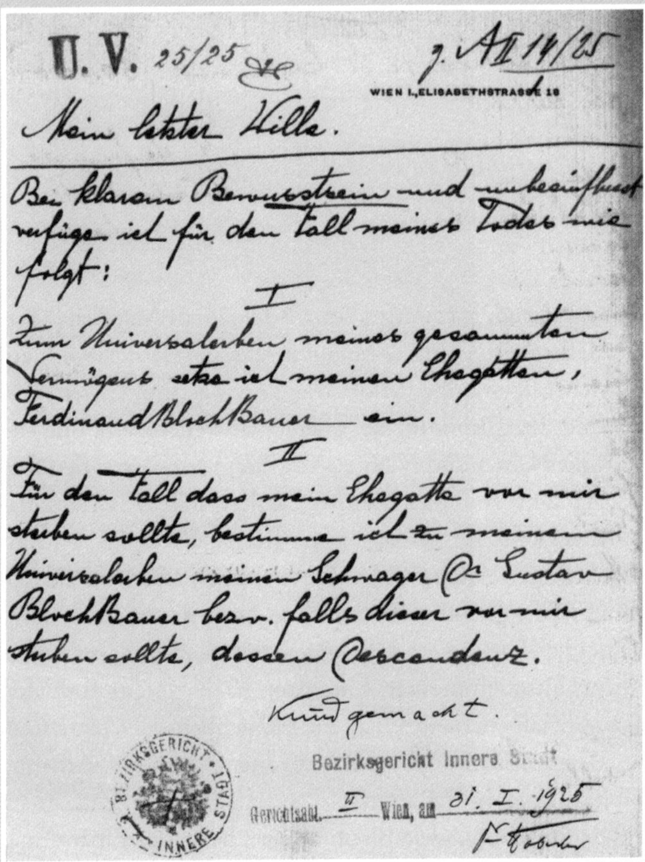
U. V. 25/25

g. A II 14/25

WIEN I., ELISABETHSTRASSE 18

Mein letzter Wille.

Bei klarem Bewusstsein und unbeeinflusst verfüge ich für den Fall meines Todes wie folgt:

I

Zum Universalerben meines gesammten Vermögens setze ich meinen Ehegatten, Ferdinand Bloch Bauer ein.

II

Für den Fall dass mein Ehegatte vor mir sterben sollte, bestimme ich zu meinem Universalerben meinen Schwager Dr Gustav Bloch Bauer bezw. falls dieser vor mir sterben sollte, dessen Descendenz.

Kundgemacht.

BEZIRKSGERICHT INNERE STADT

Bezirksgericht Innere Stadt

Gerichtsabt. II Wien, am 31. I. 1925

die Formulierung »bitte ich«. Wollte Adele damit ihren Mann nur höflich bitten, in ihrem Sinne zu handeln, oder war das eine eindeutige Aufforderung mit einem geradezu zwingenden Charakter?

Adele hätte es im Jahr 1923 sicher nicht für möglich gehalten, dass über 75 Jahre später ein gigantischer transatlantischer Rechtsstreit ausbrechen würde, auch weil sie eben diese Formulierungen gewählt hatte. Sicher ist, dass sie mit der Österreichischen Galerie, der sie ja bereits Bilder geliehen hatte, in besonders enger Verbindung stand, auch, weil dieses Museum aus dem Geiste der Sezessionsbewegung entstanden war. Insofern sollten die Bilder, sofern ihr Mann Ferdinand ihr diesen Wunsch erfüllen wollte, an jenem Ort gezeigt werden, der den Geist Klimts wie kein anderer verströmte. Ferdinand wiederum wird 1925 nicht das geringste Problem damit gehabt haben, seiner Frau diesen nachvollziehbaren Wunsch zu erfüllen. Dennoch ließ er bereits im Jahr 1926 anwaltlich feststellen, dass die im Testament seiner Frau aufgeführten Klimt-Bilder »nicht Eigentum der Erblasserin, sondern des erblasserischen Witwers« seien. Ferdinand Bloch-Bauer pflegte ja selbst engen Kontakt zur Österreichische Galerie, unterstützte deren Ankäufe finanziell, verlieh Gemälde aus seiner Sammlung für Ausstellungen und ging sogar so weit, Bilder aus eigenem Besitz der Österreichischen Galerie zu schenken, darunter im Jahr 1936 das Klimt-Bild *Schloss Kammer am Attersee III*, das er mit Adele 1912 erworben hatte. Die Direktion des Museums war selbstverständlich entzückt über so viel Großzügigkeit. Noch ist der Industrielle Bloch-Bauer ein angesehener Mann, mit dem man sich brüsten kann und dessen Nähe man sucht, und noch ist der Herr Präsident der Österreichi schen Zuckerindustrie AG, der zahlreiche Ehrenämter bekleidet, kein angeblich korrupter, Steuern hinterziehender Jude, sondern ein ehrenwerter Bürger und großzügiges Mitglied der Wiener Gesellschaft. Aber mit der Machtübernahme Hitlers in Deutschland dreht sich der Wind, und ein fauler Geruch zieht langsam, aber sicher auch nach Österreich hinüber. Manche, wie der Schriftsteller Stefan Zweig, bemerken diesen »Wetterumschwung« früher; andere, die ihn auch spüren, glauben, dass sich das unangenehme Klima bald wieder ändern würde und kein Grund zu ernster Sorge bestünde.

Marias Hochzeit

Du bist die Ruh, der Friede mild,
Die Sehnsucht du und was sie stillt.

Friedrich Rückert, 1820

Auch im Hause von Gustav Bloch-Bauer ist man zuversichtlich, und außerdem ist der Alltag so raumgreifend, dass er den Blick auf unangenehme politische Entwicklungen und Wahrheiten vernebelt. Jeden Freitag wird musiziert: Komponisten wie der Operettenschreiber Franz Lehár und der noch junge Erich Wolfgang Korngold sind häufig zu Gast. Maria wird mit Freude an diesen Abenden teilgenommen haben, schließlich wusste sie, was sie ihrem geliebten Vater bedeuteten.

Therese Bloch-Bauer überlegt unterdessen, wann ihre sich zur Schönheit entwickelnde Maria am besten debütieren sollte, und 1934 ist es tatsächlich so weit – Maria wird in die Gesellschaft eingeführt. Auf einem Foto ist sie in einem schlichten, eleganten Kleid zu sehen, umgeben von ebenfalls jungen und schönen Debütantinnen in abendlicher Robe. Maria ist jetzt 18 Jahre alt, und für ihre Mutter stellt sich langsam die Frage nach dem passenden Ehemann.

Bald schon kommt es zu einer schicksalhaften Begegnung im Hause Bloch-Bauer: Marias Vater hat einen bereits weit über die Grenzen Wiens hinaus bekannten Pianisten, Paul Ulanowsky, zu einem Klavierabend eingeladen. Der bevorstehende Auftritt wird von den Gästen mit Spannung erwartet. Ebenfalls anwesend ist ein junger Mann, der davon

Maria unterwegs in den österreichischen Bergen, um 1932

Porträtfotografie Marias aus den 1930er-Jahren

träumt, Opernsänger zu werden: Fritz Altmann ist sein Name. Von Ulanowsky am Klavier begleitet, wird er an diesem Abend Schubert-Lieder singen. Romantisch-schön muss es gewesen sein, als der gut aussehende und selbstbewusste Fritz seinen Auftritt bravourös meistert. Zwar singt Fritz Altmann »Du bist die Ruh« – aber um genau diese ist es bei Maria sofort geschehen. Sie hat sich auf der Stelle verliebt, und ihre Mutter Therese ist höchst alarmiert. Wer sind diese Altmanns, und woher kommen sie? Ist Fritz der richtige Umgang und die Familie vornehm, gebildet und ohne gesellschaftlichen Makel? Die Nachforschungen ergeben: Fritz ist der zwanzig Jahre jüngere Bruder von Bernhard Altmann, der die kleine Wollverarbeitung seiner Mutter weiterentwickelt hat und zu Wohlstand gekommen ist, indem er daraus eine florierende Strickwarenfabrik gemacht hatte. Die Familie war nach den Pogromen in Galizien in den 1890er-Jahren nach Wien geflohen, um hier einen Neustart zu wagen. Bernhard hatte als Kind den Antisemitismus kennengelernt, und diese Erfahrung hat ihn mit einem sich später bewährenden »Frühwarnsystem« ausgestattet: Er wird zeit seines Lebens ein kritischer Beobachter der gesellschaftlichen Entwicklungen in der neuen Heimat sein. Doch obwohl die Altmanns zu Wohlstand gekommen sind und Bernhard eine schöne Villa im Wiener Stadtteil Hietzing bewohnt, kann sich Therese nicht vorstellen, dass ihre Tochter einen Jiddisch sprechenden, jüdisch-orthodoxen Schwiegervater bekommt. Und außerdem, was macht dieser Fritz überhaupt beruflich? Gustav ist da pragmatischer und sieht die Sache positiv, vielleicht auch aufgrund der gemeinsamen Begeisterung für Musik. Aber noch will sich Fritz Altmann, der bereits seit Längerem eine Affäre mit einer verheirateten Frau und zunächst kein Interesse an der unerfahrenen, ihn anhimmelnden Maria hat, nicht binden. Doch dann muss sich etwas verändert haben – ob Bernhard seinem Bruder ins Gewissen geredet hat, Maria sei genau die Richtige für ihn? Jedenfalls geht plötzlich alles sehr schnell: Maria und Fritz heiraten am 9. Dezember 1937 in der Wiener Synagoge in der Turnergasse, dem sogenannten »Turnertempel«. Die Braut trägt ein langes, weißes Seidenkleid und einen üppigen Schleier aus bestickter Spitze. Gustav wird bei der Hochzeit seiner jüngsten Tochter nicht gespart haben – es wird ein glamouröses Fest gewesen sein. Aber auch eines, bei dem die vornehmen und kultivierten Gäste an einem Abgrund tanzten, dessen erschreckende Tiefe sie noch nicht sahen, ja nicht einmal ahnen konnten. Onkel Ferdinand schenkt Maria zur Hochzeit jenes Collier, das Adele auf dem ersten Porträt von Klimt, *Adele Bloch-Bauer I,* trägt, eng um ihren vornehmen Hals anliegend. Es ist ein Meisterstück der Goldschmiedekunst, verziert mit wertvollen Diamanten, aber es passt Maria nicht und muss vom Juwelier umgearbeitet werden.

Maria und Fritz reisen in die Flitterwochen: zuerst nach Paris und dann nach St. Moritz. Im Februar 1938 ist das frisch verliebte Paar wieder zurück und zieht in eine schöne, elegant möblierte Wohnung, die Bernhard den jungen Eheleuten zur Verfügung gestellt hat. Aber der Februar hat nur 28 Tage, und der »Honigmond« ist schneller vorbei als in jedem anderen Monat.

Marias Hochzeit mit Fritz Altmann, 1937

Die herannahende Katastrophe

»Übers Jahr zu dieser Zeit werden wir wissen, ob die Befriedungspolitik befriedet hat oder nur einen noch gierigeren Appetit erregte.«

Winston Churchill, 1938

Seit 1933 sind in Deutschland die Nationalsozialisten an der Macht und haben das Land unter ihrem in Österreich geborenen Reichskanzler Adolf Hitler in eine Diktatur verwandelt. Obwohl erschreckende Nachrichten über Einschüchterungen, Hetztiraden, Verfolgungen, Verhaftungen und tätliche Übergriffe zunehmend über die Grenze nach Österreich dringen, glaubt man hier, das Land könne seinen eigenen politischen (rechten) Kurs verfolgen, unabhängig bleiben und eine Machtübernahme Hitlers abwenden.

Am 12. März 1938 aber überschreiten deutsche Soldaten der Wehrmacht die Grenze und marschieren in Österreich ein. Der sogenannte »Anschluss« und damit die von der NS-Propaganda als »Wiedervereinigung« gefeierte Fusion beider Länder wird von weiten Teilen der Bevölkerung begrüßt; Gegenwehr gibt es so gut wie gar nicht. Am 15. März wird Hitler auf dem Heldenplatz in Wien eine feurige Rede halten, Angestellte bekommen ab 10 Uhr vormittags frei, um in den Jubelchor einstimmen zu können, und tatsächlich scheint ganz Wien auf den Beinen zu sein. Die Stadt versinkt in einem Meer aus Fahnen; jede Straßenbahn und jedes Haus, so berichten Zeitzeugen, seien geschmückt worden. Eine begeisterte Menge, die keineswegs zum Jubel gezwungen wor-

den war, begleitet die Parade. Der von Hitler eingesetzte Marionetten-Bundeskanzler Arthur Seyss-Inquart verkündet, dass Österreich nun »ein Land des Deutschen Reiches« sei. Die Empörung des Auslands hält sich in Grenzen, zumal man den Frieden in Europa auf keinen Fall gefährden möchte. An dieser Haltung ändert sich auch nichts, als Hitler Ansprüche auf Gebiete in der Tschechoslowakei erhebt.

Winston Churchill, ehemals Innen- und Finanzminister Englands, der früher und nachdrücklicher als andere vor Hitler gewarnt hatte, misstraut der Einschätzung des britischen Premierministers Neville Chamberlain, Hitlers Hunger nach territorialer Erweiterung sei nun gestillt. Skeptisch bemerkt er im Herbst 1938: »Übers Jahr zu dieser Zeit werden wir wissen, ob die Ansichten des Premierministers über Hitler und die deutsche Nazi-Partei richtig oder falsch sind. Übers Jahr zu dieser Zeit werden wir wissen, ob die Befriedungspolitik befriedet hat oder nur einen noch gierigeren Appetit erregte.« Weniger als ein Jahr später wird durch Hitlers Überfall auf Polen klar, dass Churchills Skepsis angebracht war und dass die Realität die schlimmsten Befürchtungen des britischen Staatsmannes bereits übertroffen hatte.

Demütigungen und Enteignungen

»[...] neu aber war die schamlose Lust des öffentlichen Quälens, die seelischen Marterungen, die raffinierten Erniedrigungen.«

Stefan Zweig, 1942

Doch im März 1938 ahnten die wenigsten, mit welcher Geschwindigkeit Hitler seinen Eroberungsfeldzug fortführen sollte – auch Ferdinand Bloch-Bauer ist noch fest davon überzeugt, mit seinem tschechoslowakischen Pass auf seinem böhmischen Schloss vor Übergriffen sicher zu sein. Die Wiener Juden aber, die gehofft hatten, das Unheil würde an ihnen vorüberziehen, müssen bereits am Tag nach dem umjubelten Anschluss erkennen, dass sich der antisemitische Wahnsinn in einer Weise gesteigert hatte, wie man es nicht für möglich hielt. Friedliche Nachbarn verwandelten sich über Nacht in von Gier und Hass getriebene Feinde, Mitarbeiter kündigten die Solidarität mit ihren jüdischen Kollegen auf, Geschäftspartner witterten die Gelegenheit billiger Firmenübernahmen, und Menschen aller Gesellschaftsschichten hofften darauf, dass sie von dem, was ihren jüdischen Mitbürgern weggenommen wurde, profitieren konnten. Nicht nur große Vermögenswerte wie Bilder, Schmuck, Unternehmensanteile oder Immobilien weckten Begehrlichkeiten: Man wollte wenigstens ein bisschen etwas abhaben von diesem ungeheuer großen und günstigen Angebot, und sei es die Bettwäsche, das Geschirr, die Kleidung – am besten natürlich den ganzen Hausrat. Aber es waren nicht allein die »Arisierungen« und Plünderungen, die die jüdische Bevölkerung entsetzten; es war vor allem die barbarische Art, in der all dieses geschah. Zeitzeugen beschrieben die unvorstellbare entfesselte Gewalt – etwa Stefan Zweig, dessen Zeilen noch immer die Fassungslosigkeit eines Menschen vermitteln, der bis dato an das humanistische Wertesystem geglaubt hatte: »Daß sie in die Wohnungen einbrachen und zitternden Frauen die Ohrgehänge abrissen – dergleichen mochte sich bei Städteplünderungen vor Hunderten Jahren in mittelalterlichen Kriegen ebenfalls ereignet haben; neu aber war die schamlose Lust des öffentlichen Quälens, die seelischen Marterungen, die raffinierten Erniedrigungen.«

Ein Verdrängen der bitteren Wahrheit ist nun kaum mehr möglich. Sigmund Freud etwa, inzwischen über 80 und krebskrank, hatte gehofft, in Ruhe in Wien weiterleben und dort auch friedlich sterben zu dürfen. Die Warnungen seiner Freunde aus dem Ausland hatte er ignoriert, aber nun bekommt er sehr wohl mit, wie sich Wien in einen lebensbedrohlichen Ort verwandelt. Als dann auch noch seine geliebte Tochter Anna von der Gestapo verhaftet wird, wird ihm klar, dass es keine Schonung geben wird, auch nicht für ihn, den weltberühmten Psychoanalytiker. Regierungsvertreter verschiedener Länder und Freunde setzen sich für seine Emigration nach England, in die USA oder Palästina ein – und tatsächlich kann Freud mit Anna und weiteren Familienmitgliedern am 4. Juni 1938 die Stadt verlassen, die er über alles geliebt hatte. Das Foto, auf dem er mit seiner Tochter im Zugabteil auf dem Weg ins Londoner Exil zu sehen ist, geht um die Welt.

Sigmund Freud mit seiner Tochter Anna; am 4. Juni 1938 verließ er Wien und ging in die Emigration

Und was war aus Adeles Freunden und Freundinnen geworden, so sie noch lebten? Alma Mahler, mittlerweile verheiratete Werfel, hatte als Ehemann Nummer drei abermals einen Juden gewählt – den österreichischen Schriftsteller Franz Werfel –, was sie paradoxerweise aber nicht von antisemitischen Äußerungen abgehalten hatte. Nichtsdestotrotz wird auch sie durch die Religionszugehörigkeit ihres Mannes in die Emigration gezwungen. Im Sommer 1937 war das Ehepaar glücklicherweise nach Südfrankreich aufgebrochen, um den Winter in Sanary-sur-Mer zu verbringen. Nach dem Anschluss kehrte es nicht mehr nach Österreich zurück.

Stefan Zweig, der ja ebenfalls in Adeles Salon zu Gast war, hatte bereits 1934 die Koffer gepackt und war nach London abgereist, weil er sich in Wien nicht mehr sicher fühlte. Nach

Kriegsausbruch befand er sich allerdings in der absurden Situation, in England als feindlicher Ausländer zu gelten und plötzlich staatenlos zu sein. Auch er musste nun erneut das Land verlassen und ins Exil nach Brasilien fliehen, wo er 1942 seinem Leben ein Ende setzen wird.

Die Kinderärztin Gertrude Bien, die eng mit Adele befreundet war, wurde bereits 1934 zwangspensioniert – sie erlitt das Schicksal zahlreicher jüdischer Ärzte und Ärztinnen, die an der Ausübung ihrer Arbeit durch allerlei Schikanen gehindert wurden. 1938 emigrierte sie wie viele ihrer Kolleginnen und Kollegen in die USA.

Berta Zuckerkandl, die einen noch größeren Salon als Adele geführt hatte, in dem alle Berühmtheiten Österreichs verkehrten – von Arthur Schnitzler über Hugo von Hofmannsthal zu Klimt, Werfel, Max Reinhardt und vielen anderen –, war ebenfalls gezwungen, 1938 das Land zu verlassen; sie fand zunächst Aufnahme in Frankreich. Nachdem die Deutschen aber 1940 in Paris einmarschierten, muss auch sie – wie Stefan Zweig und die Mahler-Werfels – ein neues Exil suchen. Sie gelangt nach Algier in Nordafrika, wo sie sich allerdings alles andere als sicher fühlt und tatsächlich jederzeit, wie 2000 jüdische Algerier, in ein Konzentrations- oder Arbeitslager hätte eingewiesen werden können. Sie wird als Widerstandskämpferin die Befreiung Frankreichs 1945 noch erleben und im Oktober desselben Jahres in Paris sterben.

Amalie Zuckerkandl, Bertas Schwägerin, wird weniger Glück haben. Zwar hatte Klimt sie auf seinem Gemälde *Amalie Zuckerkandl*, das Ferdinand Bloch-Bauer erworben hatte, 1918 unsterblich gemacht, aber das schützte sie nicht vor der Verfolgung als konvertierte Jüdin. Ferdinand Bloch-

Bauer unterstützte Amalie Zuckerkandl finanziell so gut und so lange es ging, aber bald schon wurden seine Konten gesperrt. Ein Foto der einstmals stolzen und attraktiven Amalie aus dem Jahr 1939 zeigt eine völlig verstörte, zutiefst ängstliche Frau.1942 stirbt die einstmals in den besten Kreisen verkehrende Amalie in einem Konzentrationslager, nachdem sie vorher völlig mittellos geworden war.

So stand es um den ehemaligen Freundeskreis von Adele und Ferdinand schlecht, und wer nicht schnell handelte, hatte oft die letzte Chance verpasst, noch bevor sie als solche erkannt worden war. Auch Adele wäre der Verfolgung ausgesetzt gewesen, wenn sie nicht bereits 1925 gestorben wäre.

Verhaftung, Plünderung und Erpressung

»Es war ein schwarzer Vorhang und hinter diesem war nichts.«

Maria Altmann, 2006

Zum Glück hatte Marias Schwager Bernhard Altmann das Land umgehend über die ungarische Grenze in Richtung Frankreich verlassen, sobald er im Radio vom Einmarsch der Deutschen gehört hatte. In Paris gehört ihm eine Wohnung, und von dort aus hat er Zugang zu seinen Konten. In Berlin ist man in den entsprechenden Ministerien darüber unterrichtet, dass Bernhard Altmann eine der größten Strickwarenfabriken in Österreich mit Außenstellen im Ausland besitzt. Nun möchte man die in- und ausländischen Konten beschlagnahmen und eine Arisierung der Firma veranlassen. Ohne den Firmeninhaber ist das aber nicht ohne Weiteres möglich – sollte man meinen. Aber auch für solche Fälle haben die Nazi-Funktionäre Vorkehrungen getroffen, die in Deutschland seit 1933 bereits sehr erfolgreich angewendet werden: Durch die sogenannte »Schutzhaft« und die Erpressung durch Bedrohung von Familienmitgliedern bringt man viele wohlhabende Juden dazu, auf ihr Vermögen »freiwillig« zu verzichten. Wenn man also Bernhards nicht habhaft werden kann, dann vielleicht seines Bruders Fritz.

Nur wenige Wochen nach dem Einmarsch der Deutschen bekommen Maria und Fritz in ihrer neuen Wohnung also

Besuch. Zwei Männer von der Gestapo stehen vor der Tür: Einer davon ist Felix Landau, der später als Mitglied der SS bei Tötungen und Folter aktiv mitwirken wird. Doch noch tritt er freundlich auf. Die Männer interessieren sich zunächst für das neue Auto, das Bernhard dem jungen Paar geschenkt hatte, und dann für Marias Schmuck. Maria holt ihn hervor, aber Landau ist nicht wirklich beeindruckt, obwohl sich darunter sehr schöne Stücke befinden. Das ändert sich erst, als Maria von Adeles Collier erzählt, das sie nach der Hochzeit zum Juwelier gebracht hatte. Später wird sie sich erinnern: »Aus Todesangst, dass sie meinen Mann verhaften würden, habe ich ihnen noch gesagt, dass ich den großen Schmuck, eben das Collier und die Boutons meiner Tante, beim Juwelier ›Rozet & Fischmeister‹ habe.« Maria lässt telefonisch beim Juwelier, einem ehemaligen k. u. k. Hoflieferanten an einer der besten Adressen Wiens, nach dem wertvollen Schmuck schicken. In der Zwischenzeit inspizieren die Männer die neu eingerichtete Wohnung und zeigen auf all die Dinge, die sie noch mitnehmen möchten – darunter Hochzeitsgeschenke, Seidenstrümpfe, einen Smoking –, alles wird in Taschen gepackt, und das Collier fällt ebenso wie die Limousine dem Raubzug zum Opfer. Und als ob das noch nicht genügt hätte, werden die Altmanns auch noch aufgefordert, ihre Wohnung zu verlassen, damit Felix Landau dort sein Domizil aufschlagen kann. Maria und Fritz werden in eine andere Wohnung im selben Haus umziehen, unter ständiger Beobachtung der Gestapo. Das Collier wird Hermann Göring übrigens später seiner Frau Emmy schenken, und wenn die es nicht verloren hat, dann ist es vielleicht heute noch bei Tochter Edda in München. Trotz dieses Versuchs, der Verhaftung durch freiwillige

Herausgabe des Schmucks zu entgehen, wird Fritz Altmann im April 1938 abgeholt und in das Landesgericht in Wien überstellt.

Ferdinand Bloch-Bauer fühlt sich unterdessen auch in Prag nicht mehr sicher und sucht nach Möglichkeiten, ins Exil zu gehen. Andere Familienmitglieder können ebenfalls noch gerade rechtzeitig das Land verlassen. Aber nicht alle: Therese und ihr jeden Tag fragiler werdender Mann Gustav sind von den Geschehnissen derart eingeschüchtert, dass sie sich kaum noch auf die Straße trauen, geschweige denn Fluchtpläne schmieden können. Immer mehr erschütternde Nachrichten aus dem Bekanntenkreis erreichen unterdessen die Familie. Viele ihrer Freunde waren entweder verhaftet worden oder hatten sich aus Angst vor einer Deportation umgebracht. »Es war ein schwarzer Vorhang und hinter diesem war nichts. Also, was konnten sie tun?«, wird Maria später diese Verzweiflung unter jüdischen Familien in dem Dokumentarfilm *Stealing Klimt* beschreiben. Die Zeiten, in denen man sich freitags zum Musizieren einfand, als man noch ins Theater gehen, Freunde unbehelligt treffen oder etwas nach Herzenslust einkaufen konnte, waren schon lange vorbei. Alle, die nicht unbedingt das Haus verlassen müssen, bleiben in ihren vier Wänden, um nicht dem Mob in die Hände zu fallen, und besonders alte Menschen sind darauf angewiesen, dass sie jemand versorgte, der nicht selbst gefährdet war. Um Marias Eltern kümmert sich noch immer das Kindermädchen von einst. Das »arische« Fräulein Emma Raschke darf nur aufgrund seines Alters – sie war über 45 – in einem jüdischen Haushalt seinen Dienst tun. Für jede Schikane hatten die Nazis eine gesetzliche Grundlage geschaffen, und mit der für sie typischen Gründlichkeit ließen sie keine Gelegenheit aus, um die jüdischen Mitbürger in den Ruin zu treiben.

Am 2. Juli 1938 stirbt Gustav Bloch-Bauer im Alter von 76 Jahren, nachdem er fassungslos mitansehen musste, wie sich seine geliebte Stadt Wien – vor nicht allzu langer Zeit ein Ort der Künste und der Lebensqualität – in eine braune Hölle verwandelt hatte. Ihm war schweren Herzens von Maria noch mitgeteilt worden, dass der Schwiegersohn Fritz verhaftet worden war, aber viele andere erschütternde Nachrichten hatte man von ihm ferngehalten. Bei seinem Begräbnis auf dem Wiener Zentralfriedhof versammelten sich alle Familienmitglieder, Musikerfreunde und Wegbegleiter, sofern sie noch im Land und am Leben waren. Ein Streichquartett wurde gespielt, und man gedachte mit Wehmut einer Zeit, die für immer vergangen war. So wurde dem Kunstliebhaber, Cellisten, Rechtsanwalt, Ehemann und Vater Gustav Bloch-Bauer unter den bedrohlichen Umständen dennoch eine würdige Bestattung zuteil – ein Grundrecht, das über sechs Millionen Juden zwölf Jahre lang nicht für sich in Anspruch nehmen konnten.

Fritz Altmann als Faustpfand

»Deine Gedanken wachen über mich, wie ein Schutzengel. Ich kann sie richtig fühlen.«

Fritz Altmann, Juni 1938

Fritz ahnte von alledem nichts. Er war zunächst im Gefängnis und dann im Landesgericht in Wien untergebracht und völlig abgeschnitten von der Außenwelt. Man behandelte ihn – zumindest legt das die Korrespondenz mit seiner Frau nahe – bevorzugt. Schließlich war er das Faustpfand, das man in der Hand hielt, wenn man ihn gegen das Vermögen seines Bruders eintauschen wollte. Wenige Wochen später aber wird er mit einem der ersten Transportzüge aus Österreich in das Konzentrationslager nach Dachau verbracht, und nun sieht alles sehr viel düsterer aus. Maria wird von der Verlegung nicht informiert und schickt in ihrer Verzweiflung Telegramme an mehrere Gefängnisse und Lager, unter anderem auch nach Dachau. Von dort kommt die Mitteilung, dass Fritz tatsächlich in diesem Konzentrationslager in der Nähe von München inhaftiert ist.

Zwar ist Dachau kein Vernichtungslager mit Gaskammern – dennoch werden hier Menschen systematisch gequält und ermordet. Vor allem politische Gefangene sind hier inhaftiert, darunter auch Prominenz wie die Kinder des ermordeten österreichischen Thronfolgers Franz Ferdinand.

Immerhin gelingt es Maria, mit Fritz Kontakt aufzunehmen, und das Paar kann sich zumindest Briefe schreiben. Fritz wird allerdings erst später erzählen, wie es ihm in Dachau wirklich ergangen ist. Die Briefe werden sowohl von der Lagerkommandantur als auch von Felix Landau in Wien gelesen. Die Nazis sind also bestens darüber informiert, in welcher Sorge sich die Familie befindet. Diese Sorge, so die perfide Annahme der Gestapo, werde die Angehörigen veranlassen, Druck auf den Bruder in Paris auszuüben, falls dies nötig sei. Aber das ist gar nicht nötig – Bernhard weiß auch so, wie er sich verhalten muss. In Paris bekommt er Besuch von zwei Männern aus Deutschland. Der Deal, den man ihm vorschlägt, ist einfach: Die Freilassung des Bruders wird von der Übertragung der ausländischen Guthaben abhängig gemacht. Natürlich geht Bernhard darauf ein, aber er ist nicht naiv: Zuerst will er seinen Bruder lebendig zurückhaben.

Dieser steht im Juli 1938 völlig überraschend in Begleitung zweier Gestapomitarbeiter vor der Tür von Marias Wohnung in Wien. Tatsächlich hat man ihn aus Dachau entlassen und nach Wien zurückgebracht. Abgemagert, erschöpft, kahl rasiert, aber am Leben, stellt er sich nun die Frage, wie es weitergehen soll. In Wien bleiben können Maria und Fritz auf keinen Fall. Andererseits ist es fast unmöglich, das Land zu verlassen, denn Landau beobachtet jeden Schritt seines wertvollen »Pfands«, und so ist es abermals der Bruder in Paris, der helfen muss. Sein Plan sieht eine Flucht über Holland nach England vor, und hierfür hat er Vorbereitungen getroffen, über die er die beiden unterrichtet. Erstaunlicherweise bleibt alles unentdeckt.

In der Zwischenzeit wird das Haus, in dem Bernhard und seine Frau in Wien gewohnt hatten, beschlagnahmt, und während einer fünftägigen Versteigerung durch das Auktionshaus Dorotheum kommt der gesamte Hausrat unter den

Hammer. Die Liste der Gegenstände ist im Internet einsehbar; der Katalog umfasste seinerzeit 50 Seiten und erschüttert noch heute durch die lückenlose Aufstellung von Alltagsdingen, Erinnerungsstücken oder Wertgegenständen, die ihren rechtmäßigen Besitzern einfach weggenommen worden sind. Man muss sich vorstellen, dass alles, was man einstmals gekauft, gesammelt und geliebt hatte, nun vor den Augen Wildfremder ausgebreitet wurde. Es gab keinen Schrank, der verschlossen blieb, kein Tischtuch, Nachthemd, Unterkleid, das nicht inspiziert worden wäre. Das Intimste wurde meistbietend verkauft, und niemand, der etwas ersteigerte, hatte dabei ein schlechtes Gewissen. So schöne Sachen hätte man sich womöglich nie leisten können – aber jetzt waren sie auf dem Wühltisch eines Volkes gelandet, das seinen moralischen Ausverkauf betrieb. Den Nazis ging es auch hierbei um die Auslöschung der Erinnerung an ein ganzes Volk, denn am Ende sollten weder die Orte noch die Dinge, die dort beheimatet waren, auf eine frühere jüdische Existenz verweisen.

Selbstbedienung und die Konstruktion einer fiktiven Steuerschuld

»In ungerechter Weise hat man mir in Wien eine Steuerschuld von einer Million Mark vorgeschrieben und meinen gesamten Besitz in Wien beschlagnahmt und veräussert.«

Ferdinand Bloch Bauer, Zürich 1943

Auch Ferdinand Bloch-Bauer hatte durch seine Flucht nach Prag in der Wiener Elisabethstraße alles zurücklassen müssen: seine und Adeles geliebte Klimt-Bilder, die vielen anderen Gemälde, seine Porzellansammlung, die Bücher, die Gobelins. Ein Teil seines über 400 Stücke umfassenden Sorgenthal-Porzellans wurde 1941 an Auktionshäuser übergeben, ein anderer Teil vom Wiener Kunstgewerbemuseum als »arisiert« übernommen. Noch in den 1990er-Jahren wurden immer wieder Teile aus seinem ehemaligen Besitz versteigert, ohne dass sich Anbieter oder Bieter Gedanken darüber gemacht hätten, ob die eingelieferten Gegenstände vielleicht gar nicht hätten verkauft werden dürfen. Sehr wohl berief man sich aber auf den Sammler, wenn es um die Herkunft der Stücke ging: Die Provenienz aus einem so vornehmen Haus wie dem der Bloch-Bauers erhöhte natürlich ihren Wert.

Da die Bilder aus Ferdinands Besitz von so herausragendem Interesse sind, lädt das Gaukulturamt im Januar 1939

Aufstellung der aus der Sammlung Bloch-Bauer ins Reich verkauften Bilder und sonstigen Kunstgegenstände.

An die Kanzlei Hitlers:

Alt: Landschaft am See,
Waldidyll

Waldmüller: Bildnis des Fürsten Eszterhazy
142 x 97

An August von Fink zu Geschenkzwecken an Hermann Göring:
Waldmüller:
Alte Frau mit Kindern, 57 x 45

Kleines Mädchen mit Hund, 56 x 45

Kinder mit Trauben, 76 x 62

Alte Frau vür Hütte, 60 x 45

An Gen.Dir.Dr.Posse, (Staatl.Gemäldegalerie,Dresden)

Waldmüller: Landschaft mit Ochsengespann 41 x 52

Amerling: Porttrait Ratzenberg-Wartenburg 45 x 36

Schindler: Aulandschaft a.d.Thaya, 36 x 40

F.Alt: Hofburg 16 x 29

Eybl: Bildnis eines jungen Mannes 20 x 16

Gobelin-Ernte
Holbeinschule: Portrait eines jungen Mannes 36 x 29

Rodin: Allegorie der Freiheit

An Pinakothek,München.

Waldmüller: Mutterglück
Versöhnung

zur Besichtigung ins Palais in der Elisabethstraße ein; auch hier soll mit der Auslöschung der Erinnerung begonnen werden. Museumsdirektoren, Herren vom Denkmalschutz ebenso wie von der Gestapo und der Partei werden aufgeregt und guter Dinge durch die privaten Räume von Adele und Ferdinand gepilgert sein. Jeder wird für sich eine Strategie überlegt haben, wie er es wohl geschickt anstellen könne, dieses Bild oder jene Skulptur in sein Museum überführen zu lassen. Es war einfach zu verführerisch für die Herren Museumsdirektoren: Man konnte seinen Bestand erweitern, ohne Marktpreise zahlen zu müssen. Erhalten geblieben ist eine Aufstellung des Denkmalamtes, die alle Kunstgegenstände und Sammlungen in der Elisabethstraße minutiös auflistet. Und natürlich sollte auch dem sogenannten »Führervorbehalt« Rechnung getragen werden, damit Hitler die von ihm am meisten geschätzten Werke für sein geplantes, gigantisches Museum in Linz erhalten würde.

Aber man hatte es nicht nur auf Ferdinand Bloch-Bauers Kunst und Bücher abgesehen, sondern auch auf seine Zuckerfabrik, die immer noch glänzend dastand. Also musste eine Straftat her: Dem bis dahin unbescholtenen Geschäftsmann wurde nun plötzlich unterstellt, er habe in großem Stil Steuern hinterzogen und so den Staat um 700.000 Reichsmark betrogen. Die Sperrung seiner Konten wurde verfügt, sodass Ferdinand keinen Zugriff mehr auf sein in Österreich verwaltetes Geld hatte. Seine angebliche Steuerschuld sollte mit dem Verkauf seiner Kunstsammlung getilgt werden.

Auch nach Kriegsende noch sollte die fiktive Steuerschuld immer wieder als Vorwand genutzt werden, um eine Rückgabe der Bilder zu verhindern, und Jahrzehnte später wird

X 5 35 172

Der Oberfinanzpräsident Wien
Abwicklungsstelle Finanzprokuratur
Z.49749/39-V

Wien,den 31.Juli 1939.

B e r i c h t.

Zur Sicherstellung einer Steuerstrafforderung von RM 700.000.- wurde gegen Ferdinand Bloch-Bauer,Wien,I.Elisabethstraße 18, Fahrnisexekution zur GZ.118 E 2926/38 des Amtsgerichtes Wien geführt und hiebei unter anderem eine Sammlung von Altwiener Porzellan (394 Postzahlen) sowie eine Sammlung von Klimt-Gemälden und Waldmüller-Gemälden gepfändet.

Die provisorische Gesamtschätzung aller gepfändeten Objekte lautet auf 200.000 bis 250.000 RM.

Der Sachbearbeiter:

W. Dworak

sie noch einmal eine Rolle spielen, wenn es um Entschädigungszahlungen für die enteignete Fabrik geht. Ferdinand Bloch-Bauer erklärt in einem Schreiben an die Finanzbehörde 1940, dass er »moralisch frei von jeder Schuld« sei. Seine Erklärung ist ein Beleg für das tiefe Entsetzen eines Mannes, der sein Leben lang an Rechtsstaatlichkeit geglaubt hatte und sich nun juristischer Willkür gegenübersieht. Seine Erben werden später nicht nur enteignete Vermögensanteile restituiert bekommen, sie werden auch seine Ehre wiederherstellen können.

Für Ferdinand Bloch-Bauer ist mit der Beschlagnahmung seines Vermögens in Österreich noch nicht die Talsohle erreicht. Er wird auch sein Anwesen in der Tschechoslowakei verlieren und in seinem schönen Schloss alles zurücklassen, was er alleine oder gemeinsam mit seiner Frau Adele erworben hat. Nach Österreich wird das Sudetenland von Nazideutschland annektiert und die Gebiete Böhmen und Mähren im März 1939 unter deutsches Protektorat gestellt. Es bleibt nur die Flucht, und der einstmals wohlhabende Zuckermagnat wird mehr oder weniger mittellos seine zweite Heimat verlassen und in der Schweiz Schutz vor Gefahr und Verfolgung suchen. In sein Schloss zieht unterdessen die Personifikation des Bösen, der berüchtigte SS-Obergruppenführer und Chef des Reichsicherheitshauptamts Reinhard Heydrich, mit Frau und Kindern ein. Heydrich ist maßgeblich für die Deportation von Juden aus Deutschland und Österreich in die Gettos Polens verantwortlich, und er ist es auch, der als Hauptorganisator mit der »Endlösung der Judenfrage« beauftragt wird. 1942 wird er bei einem Attentat so schwer verletzt, dass er an den Folgen stirbt. Als Vergeltung für den Anschlag werden die Dörfer Lidice und Ležáky zerstört und ihre Bewohner mit wenigen Ausnahmen umgebracht. Es ist ein unvorstellbares Massaker. Heydrichs Frau bleibt mit ihren Kindern bis Kriegsende im Schloss. Sehr seltsam mutet es an, dass der Sohn Heydrichs im Jahr 2011 das Anwesen besucht und sich bekümmert über den Zustand des angeblichen Familienschlosses äußerte, und noch merkwürdiger ist, dass der berichterstattenden Presse gar nicht bewusst wird, wem das Schloss in Wahrheit ursprünglich gehört hatte. Kein Hinweis findet sich auf Ferdinand Bloch-Bauer, auch hier hat die Erinnerungsvernichtung der Nazis die Spuren getilgt.

Im letzten Moment: Flucht über Holland nach England in die USA

»Sie vertrauten uns. Ihrer Ansicht nach waren wir nicht fähig zu flüchten.«

Maria Altmann, o. J.

Im Herbst 1938 gelingt Maria und Fritz mit Bernhard Altmanns Hilfe die Flucht aus Wien. Zwei Versuche waren, bevor sie eigentlich richtig begonnen hatten, gescheitert. Nun aber können sie endlich die sie im Haus überwachenden Gestapo-Männer überlisten und die Wohnung verlassen, angeblich, um einen Arzt aufzusuchen. Mit dem Taxi fahren sie ohne Gepäck zum Wiener Flughafen Aspern, der seit 1912 auch der zivilen Luftfahrt dient. Es ist eine Autofahrt in die Außenbezirke, und jederzeit hätte man sie anhalten können. Von Aspern aus gehen Flüge nach London, Paris, Köln, Nürnberg, Zürich, Warschau, Budapest, Bukarest und Istanbul, aber nur für die deutschen Destinationen muss kein Pass vorgezeigt werden, der sie sofort als Juden entlarvt hätte. Unentdeckt erreichen sie in einem Flugzeug Köln und werden mit Unterstützung von Fluchthelfern von dort über Aachen nach Holland gebracht. Von Amsterdam aus gelangen sie mit einer von Bernhard organisierten Privatmaschine nach Liverpool in England. Nicht mit dabei ist Marias Mutter Therese, die in Wien geblieben war.

Bei ihr taucht, wenige Tage nachdem die Flucht der beiden

bemerkt worden war, die Gestapo auf und fragt nach Fritz und Maria, aber Therese ist völlig ahnungslos. Die beiden hatten ihr die Fluchtpläne verschwiegen, um sie nicht zu beunruhigen und sie nicht in zusätzliche Gefahr zu bringen – sie kann den Gestapo-Männern also keinerlei Auskunft geben. Als Therese kurz darauf erfährt, dass das Paar es bis nach England geschafft hat – vermutlich wurde sie von Maria aus Liverpool angerufen –, kann sie den Nazi-Schergen, die sie erneut verhören, triumphierend mitteilen, ihre Kinder seien nun in England. Landau ist außer sich vor Wut, als er erkennt, dass ihm sein »dicker Fisch« aus dem Netz entwischt ist.

Seit dem 26. April 1938 gibt es die sogenannte »Verordnung über die Anmeldung des Vermögens von Juden«, die auf Betreiben Hermann Görings eingeführt wurde. Sofern man mehr als 5000 Reichsmark besaß, musste das gesamte Vermögen auf einem vierseitigen Formular angegeben und sein Wert geschätzt werden. Das Formular gab es in Deutschland beim zuständigen Finanzamt; in Wien bei der Vermögensverkehrsstelle. Wer Besitz unterschlug oder falsch bewertete, musste mit schweren Strafen rechnen. Für diejenigen, die das Land verlassen wollten, gab es außerdem noch die unter den Nazis verschärfte Reichsfluchtsteuer, die in erster Linie darauf abzielte, jüdisches Vermögen als angeblichen Ausgleich für entgehende Steuerzahlungen einzuziehen. Wer also emigrieren wollte, weil er sonst physisch vernichtet worden wäre, musste dafür ein Viertel seines gesamten steuerlichen Vermögens zahlen. Aber damit war die Mitnahme des restlichen Besitzes noch lange nicht möglich. Auch hier fand man geeignete juristische Mittel – das Schicksal von Ferdinand Bloch-Bauer ist nur eines von Hunderttausenden –, um Juden in ihrer wirtschaftlichen Existenz zu vernichten.

Die Villen der Brüder Bloch-Bauer waren nun ebenso wie das Inventar in Staatsbesitz. Marias Mutter Therese konnte 1939 noch emigrieren, nachdem sie ihre Reichsfluchtsteuer ordnungsgemäß bezahlt hatte. Dass ihr diese Ausreise gelang, war eigentlich ein Wunder.

Das große Gemauschel und die Liquidation eines Vermögens

»Der private Sammler war den Museumsleitern und Denkmalbeamten stets ein Dorn im Auge, weil in seinen Häusern oft die bedeutenderen Kunstwerke hingen.«

Hubertus Czernin, 2005

Gleich nachdem die Kunstsammlung in der Elisabethstraße besichtigt und eine Liste der Gegenstände erstellt worden war, meldeten sich Kunsthändler, Museumsdirektoren, Parteigenossen und andere zu Wort, um Begehrlichkeiten anzumelden. Dabei zeigte man zunächst weniger Interesse an den Klimt-Bildern, die dem Kunstgeschmack der Nazis nicht entsprachen, sondern vor allem an Gemälden von Ferdinand Waldmüller oder Rudolf von Alt, an dem Adolf Hitler so viel Gefallen fand.

Ferdinand Bloch-Bauer hatte in diesem Unrechtsstaat selbstverständlich nicht die Möglichkeit, sich einen integren Anwalt auszuwählen, und von der Schweiz aus waren seine Möglichkeiten der Einflussnahme ohnehin beschränkt. Die Nazis hatten für beinahe jedes Unrecht Gesetze geschaffen und Anordnungen erlassen, um dieses Unrecht auf eine scheinbar gesetzliche Basis zu stellen. Das NSDAP-Mitglied Dr. Erich Führer übernahm seine »anwaltliche Vertretung«, falls man davon überhaupt sprechen kann, und scheute vor keinem Betrug zurück, wenn er ihm zum Vorteil gereichte. Dennoch musste er bei seinen jüdischen Klienten den Eindruck erweckt haben, er könne ihnen helfen. Auch Ferdinand Bloch-Bauer hofft, mit Führers Hilfe einen Teil seines Besitzes wiederzuerlangen und nach Zürich ausführen zu dürfen, während der korrupte Anwalt hinter seinem Rücken die Liquidation des Bloch-Bauer'schen Vermögens betreibt.

Ein erstes Tauschgeschäft schlägt Erich Führer Dr. Bruno Grimschitz vor, dem Leiter der Österreichischen Galerie, ebenfalls NSDAP-Mitglied und zudem Berater des Auktionshauses Dorotheum. Er solle ihm das Bild *Schloss Kammer am Attersee III*, welches Ferdinand Bloch-Bauer der Galerie 1936 geschenkt hatte, übergeben, da er hierfür einen passionierten Interessenten habe. Im Gegenzug würde die Österreichische Galerie die Klimt-Bilder *Apfelbaum I* und *Adele Bloch-Bauer I* erhalten. Der passionierte Sammler, auf den Führer anspielt, ist der uneheliche Sohn Klimts, Gustav Ucicky, der, nachdem er vom Vater nicht anerkannt worden war, nun wenigstens die Bilder des Unerreichbaren um sich haben möchte. Ucicky, der Sohn einer Wäscherin, hatte sich aus einfachen Verhältnissen hochgearbeitet und es sogar zu einiger Berühmtheit als Filmregisseur gebracht. Der österreichische Journalist Hubertus Czernin hat das, was nun an Mauschelei erfolgte, minutiös recherchiert und in seinem Buch *Die Fälschung* 1999 veröffentlicht. Seine Recherche wird maßgeblich zur späteren Restitution der Klimt-Bilder beitragen und liest sich wie ein Kriminalroman. Führers Tauschvorschlag wird zugestimmt, denn was ist die Rückgabe des *Schloss Kammer*-Bildes schon im Vergleich zur *Goldenen Adele*, und so gelangte Adeles Porträt in den Besitz der Österreichischen Galerie. Um die Angelegenheit nicht ganz so unseriös aussehen zu lassen, wie sie in Wahrheit war, wird Führer sich in einem Schreiben an den Museumsdirektor darauf berufen, dass das Porträt gemäß der Verfügung von Adele Bloch-Bauer ohnehin bereits der Österreichischen Galerie gehört habe und von ihrem Ehemann lediglich noch im Haus »aufbewahrt« worden sei. Dieses Detail ist deswegen so entscheidend, weil Czernin vermutet, dass zu diesem Zeitpunkt weder Grimschitz noch Führer den exakten Wortlaut des Testaments gekannt hätten, auf den sie sich so vollmundig beriefen.

Ferdinand Bloch-Bauer hat in dieser Angelegenheit ohnehin kein Mitspracherecht. Die Österreichische Galerie aber, die ja bereits einige Klimt-Bilder besitzt und noch weit mehr gestohlene Bilder erhalten wird, wird nun das Porträt von Adele als eine der wichtigsten Arbeiten von Klimt preisen und publikumswirksam ausstellen, ohne die Porträtierte mit Namen zu nennen. Vieles musste ja aus dem kollektiven Gedächtnis getilgt werden – so auch die Namen der jüdischen Modelle Klimts. Von nun an wird man vom *Damenbildnis mit Goldhintergrund* und nicht mehr von *Adele Bloch-Bauer I* sprechen. Die Klimt-Bilder aus Ferdinand Bloch-Bauers Sammlung waren also jetzt bei den Städtischen Sammlungen in Wien (*Buchenwald/Birkenwald*), bei Gustav Ucicky, dem Sohn Klimts (*Schloss Kammer am Attersee III*) und beim Museumsdirektor Bruno Grimschitz gelandet (*Adele Bloch-Bauer I* und *Apfelbaum I*) – Letzterer hatte außerdem auch *Adele Bloch-Bauer II* um nur 7.500 Reichsmark für die Österreichische Galerie erworben.

Das Porträt von Amalie Zuckerkandl, das ebenfalls Ferdinand Bloch-Bauer, vermutlich seit Anfang der 1930er-Jahre, gehört hatte, tauchte unterdessen nirgendwo mehr

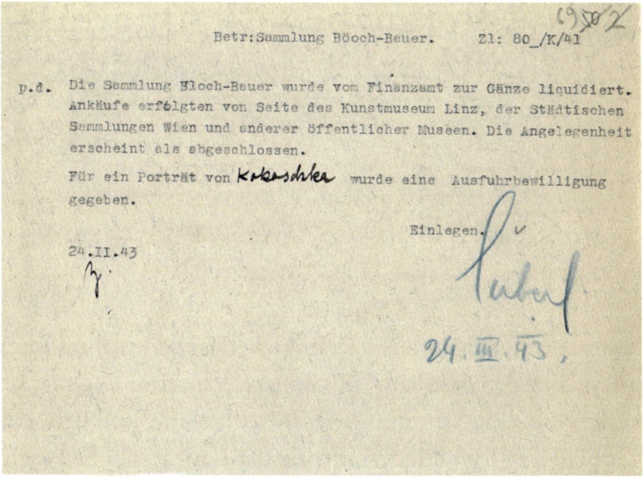

Betr:Sammlung Böoch-Beuer.   Zl: 80_/K/41

p.d. Die Sammlung Bloch-Beuer wurde vom Finanzamt zur Gänze liquidiert. Ankäufe erfolgten von Seite des Kunstmuseum Linz, der Städtischen Sammlungen Wien und anderer öffentlicher Museen. Die Angelegenheit erscheint als abgeschlossen.

Für ein Porträt von Kokoschka wurde eine Ausfuhrbewilligung gegeben.

Einlegen.

24.II.43

24. III. 43

auf. Die anderen über 60 Bilder aus der Sammlung – von Holbein über Waldmüller bis zu Liebermann – sowie jene aus den Mappen mit Grafiken, Stichen und Zeichnungen werden ebenso wie die Gobelins und Skulpturen in Museumsbestände überführt, versteigert, verkauft oder gelangen über Mittelsmänner und Kunsthändler zu fingierten Preisen an Hermann Göring und andere Sammler, darunter auch Adolf Hitler selbst. Das Klimt-Bild *Häuser in Unterach am Attersee* und elf weitere Gemälde aus der Sammlung in der Elisabethstraße reklamiert Erich Führer für sich, und zwar mit dem Argument, er habe sich durch seine »überdurchschnittliche Anwaltstätigkeit« für Herrn Bloch-Bauer diese Geschenke quasi verdient.

Mit Toleranzbewilligung ins Exil in die Schweiz

*»Mir hat man in Wien alles genommen.
Nicht ein Andenken ist mir geblieben.«*
Ferdinand Bloch-Bauer an Oskar Kokoschka, 1941

So musste der einstmals reiche Zuckerkönig, wie ihn Oskar Kokoschka genannt hatte, aus seinem Schweizer Exil mit ansehen, wie seine Sammlung verscherbelt wurde und sich sein Vermögen in Luft auflöste. Einzig das Porträt, das Kokoschka 1936 von ihm als Jäger gemalt hatte, durfte nach Zürich ausgeführt werden, denn an Kokoschka hatten die Nazis kein Interesse – seine Kunst galt als »entartet«. Dieses Bild hat Ferdinand Bloch-Bauer, der in der Schweiz lediglich eine »Toleranzbewilligung« erhalten hatte, dem Kunsthaus in Zürich 1944 geschenkt. Aber diese Großzügigkeit änderte nichts an seinem Status als Flüchtling. In der Schweiz gab es für Ausländer die Möglichkeit, eine Aufenthalts-, Niederlassungs- oder Toleranzbewilligung zu erhalten, wobei das Land in erster Linie ein Transitland sein wollte und nur in Ausnahmefällen unbeschränkte Aufenthaltsgenehmigungen erteilte. Dabei erhielten politisch Verfolgte weitaus schneller Asyl als rassisch Verfolgte, und das, obgleich man auch in der Schweiz Kenntnis davon hatte, dass in Deutschland seit 1933 und in Österreich seit 1938 Juden verfolgt und ermordet wurden. Bis Juli 1944 weigerten sich die Schweizer Behörden, Juden als politisch verfolgt einzustufen, was dazu führte, dass ihre Anträge auf Asyl in den meisten Fällen abgelehnt wurden.

Ferdinand Bloch-Bauer hatte also noch Glück mit seinem Status als »Tolerant«, der vielleicht darauf zurückzuführen war, dass in der Schweiz ein Großteil der Aktien an seiner Zuckerfabrik durch die Schweizerische Bankgesellschaft treuhänderisch verwaltet wurde. Bloch-Bauer hatte zusammen mit einigen wenigen Aktionären kurz vor der Annektierung Österreichs einen Syndikatsvertrag abgeschlossen, der auch von der Schweizer Bank unterschrieben worden war. Durch ihn sollte sichergestellt werden, dass Verkäufe nur dann erfolgen durften, wenn alle Aktionäre einen Verkaufsantrag einstimmig annehmen würden. Doch die Hoffnung darauf, dass die Nazis keinen Zugriff auf das in der Schweiz deponierte Vermögen bekämen und die Unterschrift der Bank Rechtssicherheit garantieren würde, platzte so schnell wie eine Seifenblase. Die Bank gab dem Druck der österreichischen Nazi-Ariseure in kürzester Zeit nach und händigte die Aktien an der Österreichischen Zuckerindustriegesellschaft an einen Kölner Geschäftsmann mit Verbindungen zur NSDAP aus, was einer kompletten Enteignung entsprach. Dieser Rechtsbruch aber war kein Einzelfall: Nazi-Behörden haben nach damaligem Wert etwa 200 Millionen Schweizer Franken eingefordert und von den Schweizer Banken auch erhalten.

Immerhin erlebte Ferdinand Bloch-Bauer 81-jährig noch, wie das Dritte Reich in Schutt und Asche versank, Deutschland am 8. Mai 1945 kapitulierte – Wien war bereits einen Monat früher von der Sowjetarmee eingekreist und zur Aufgabe gezwungen worden – und die alliierten Siegermächte die Herrschaft übernahmen. Die Hoffnung, er möge etwas von seinem Besitz, nun vor dem Hintergrund eines besiegten Unrechtsstaates, zurückerhalten, blüht in ihm auf, und so beginnt er bereits kurz nach Kriegsende damit, Anwälte zu kontaktieren, um sie mit den entsprechenden Recherchen nach seiner Kunstsammlung zu beauftragen. Einer dieser Anwälte ist der treue Freund der beiden Familien Bloch-Bauer, Gustav Rinesch, der bereits vor dem Krieg viel unternommen hatte, um Familienmitglieder und weitere jüdische Freunde vor Übergriffen durch die Nazis zu schützen oder sie aus deren Fängen zu befreien.

Doch am 13. November 1945, noch bevor irgendein Etappensieg auch nur in Reichweite ist, geschweige denn Gerechtigkeit wiederhergestellt werden konnte, stirbt Ferdinand Bloch-Bauer. Wenige Wochen zuvor hatte er ein neues Testament verfasst, in dem er die Verteilung seines Erbes regelt und alle vorher geschriebenen Testamente für ungültig erklärt. Die Hälfte seines Vermögens soll an seine in Jugoslawien kriegsbedingt festsitzende Nichte Louise Baronin Gutmann, Marias Schwester, gehen; ein Viertel ist für Maria Altmann und ein Viertel für Robert Bloch-Bauer (Marias Bruder) bestimmt, der sich, seit er im kanadischen Exil lebt, Robert Bentley nennt. Weitere Begünstigte gibt es nicht. Die Asche von Ferdinand Bloch-Bauer wird, wie von ihm gewünscht, neben seiner geliebten Frau Adele auf dem Wiener Zentralfriedhof beigesetzt.

Sonnig war nur das Wetter – ein neues Leben in den USA

»Die Landschaft um unser Haus herum, mit dem Blick auf den Ozean, sollten Sie sehen.«

Thomas Mann an Hermann Hesse, 1942

Maria Altmann und ihr Mann sind seit 1939 in den USA, wo sie in Los Angeles ein neues Zuhause finden werden. 1940 wird ihr erster Sohn Charles, genannt Chuck, geboren; zwei weitere Söhne und eine Tochter folgen. Das gute Fräulein Emma Raschke wird noch von Marias erster Schwangerschaft erfahren, aber kurz darauf sterben. Fritz arbeitet als Vertreter für die Textilfirma seines Bruders Bernhard und ist von einer Karriere als Opernsänger weit entfernt. Man zieht in ein kleines, bescheidenes Haus, und Maria wird ihren Verlobungsring verkaufen, damit sich die Familie ein Auto leisten kann. Vorbei sind die Zeiten, in denen es Personal gab und Fräulein Raschke den Haushalt besorgte. Auch Maria muss nun zum Lebensunterhalt beisteuern – sie verkauft die Kaschmirwaren ihres Schwagers, bis sie ein eigenes kleines Geschäft aufmacht und dort wohlhabende Damen mittleren Alters in Kleidungsfragen berät. Bernhard Altmann wird sich von den wirtschaftlichen Rückschlägen, die dem Unternehmen durch Flucht und Exil immer wieder zugesetzt haben, später finanziell so gut erholen, dass er es zu einem der erfolgreichsten Produzenten von Kaschmirpullovern und Baumwollsweatern in den USA bringen wird. Auch baut er seine Fabrik in Wien wieder auf.

Thomas Mann in seinem Arbeitszimmer in Pacific Palisades, 1951

In Los Angeles sind die Altmanns nicht die einzigen Exilanten. In dem vom Sunset Boulevard etwa 20 Minuten entfernten kleinen Städtchen Pacific Palisades hatten sich viele namhafte Schriftsteller, Schauspieler, Musiker, Regisseure, Intellektuelle, aber auch Anwälte und Ärzte aus Deutschland und Österreich niedergelassen, um in der Nähe von Hollywood und der dort ansässigen Filmindustrie ihren Lebensunterhalt als Übersetzer, Komponisten, Drehbuchautoren, Sänger, Schauspieler oder Komparsen verdienen zu können. Sie alle hatten den Status der rassisch oder politisch Verfolgten.

Hier an der sonnigen Westküste werden sich bei Arnold Schönberg Geistesgrößen wie der Nobelpreisträger Thomas Mann, der Philosoph Theodor W. Adorno, der Regisseur Max Reinhardt und das glamouröse Ehepaar Feuchtwanger –

um nur einige zu nennen – über Musik, Literatur und die Lage der Welt austauschen und sich dabei immer wieder in die Haare geraten. Alma Mahler-Werfel wird immer als Erste über alles informiert sein, noch bevor die Gerüchte ihre Runde gemacht haben; Thomas Mann wird sich über das »grässliche Benehmen« der Frau seines Bruders echauffieren, und die schöne Marta Feuchtwanger wird eine der wenigen sein, die es auch im Exil zu einem Leben im Wohlstand bringen werden.

Bei den Altmanns sieht es bescheidener aus. Dort lebt man von 35 Dollar die Woche, aber man überlebt. Es wird Englisch gesprochen – Deutsch ist nun die Sprache der »Feinde«, sodass die Kinder und Enkel nicht nur der Altmanns, sondern auch der meisten anderen Emigranten später wichtige Werke, Briefe und Dokumente ihrer Vorfahren nicht mehr im Original werden lesen können. Immer noch greift die von den Nazis so gründlich betriebene Auslöschung der Erinnerung.

Im Exil ist man in erster Linie damit beschäftigt, sein Leben zu organisieren und ausreichend Geld für die Familie zu verdienen. Nach dem Krieg steht die Suche nach überlebenden Freunden und Verwandten im Vordergrund – es gibt also zunächst andere Sorgen, als sich um das zu kümmern, was die Nazis geraubt hatten.

Nach 1945 waren alle Opfer, auch die Mitläufer und Täter

»Er hat sich von nazistischer Gesinnung schon vor Jahren abgewendet.«

Alfred Stix (Direktor der Staatlichen Kunstsammlungen) über Bruno Grimschitz, Oktober 1945

Im befreiten und von den vier Siegermächten kontrollierten Wien wird nun fieberhaft versucht, einen vollständigen Kollaps der Stadt zu vermeiden. Zahlreiche Bombardierungen haben Häuser, Leitungen, Brücken, öffentliche Einrichtungen, Industriebetriebe und Bahnhöfe entweder schwer beschädigt oder vollständig zerstört. Die Zivilbevölkerung kämpft ums Überleben; täglich kommen verstörte und traumatisierte Lagerhäftlinge ebenso wie Flüchtlinge und Kriegsgefangene zurück nach Wien. In den ersten beiden Jahren nach Kriegsende geht es also in erster Linie darum, so schnell wie möglich wieder Infrastrukturen zu schaffen, die eine Versorgung der Stadt gewährleisten. Dabei ist man natürlich in hohem Maße auf diejenigen angewiesen, die bereits vor Kriegsende mit leitenden Positionen betraut waren: Richter, Beamte, Lehrer, Professoren, Industrielle, Verwaltungsangestellte, Ingenieure – sie alle werden nun dringend gebraucht. Wie soll man aber mit der Tatsache umgehen, dass die meisten von ihnen noch vor Kurzem Nazis waren? Sie zu übergehen scheint ein Ding der Unmöglichkeit, weil es gar nicht so leicht ist, passenden Ersatz zu finden. Also führt man die Entnazifizierung in vielen Bereichen nur halbherzig durch, und auch innerhalb der Besatzungszonen gibt es große Unterschiede.

Am Ende will keiner etwas mit den Nazis zu tun gehabt haben, und im besiegten »Führer-Staat« verwandeln sich mit erstaunlicher Geschwindigkeit all jene, die als überzeugte Parteimitglieder in Behörden, Institutionen, Wirtschaft und Verwaltung, aber auch in allen anderen Bereichen des privaten wie öffentlichen Lebens für die Verheißungen des Dritten Reichs eingetreten waren, in Gutmenschen, die dem Regime immer schon kritisch gegenübergestanden haben. Österreich, das in den Augen der Siegermächte zwar mitverantwortlich, aber letztlich doch notgedrungen in die Fänge von Hitlers Annexionspolitik geraten war, stilisierte sich und die eigene Bevölkerung nun zu einem Land der Opfer, das gegenüber dem übermächtigen Nachbarn gar keine Chance zur Gegenwehr gehabt hatte. Vergessen war der Jubel, mit dem die Braunhemden nach dem Anschluss gefeiert worden waren, und vergessen war auch die Begeisterung, mit der man sich einer Ideologie in die Arme geworfen hatte, die im »Altreich« mit ihren menschenverachtenden Handlungen so erfolgreich gewesen war. Verdrängt wurde die Niedertracht gegenüber jüdischen Bürgern, geleugnet wurde der Raub an Besitz und Leben, verschwiegen wurden die vielen Vergünstigungen, die man auf Kosten anderer erhalten hatte.

In diesem Klima, das wieder einmal ganz große Opportunisten hervorbrachte, gibt es dennoch Hoffnung auf einen Neubeginn, auch unter den überlebenden Flüchtlingen oder den im Ausland lebenden Emigranten. Manche setzen auf die sozialistischen Ideale einer gleichberechtigten Gesellschaft nach sowjetischem Vorbild, andere glauben an freiheitlich-demokratische und rechtsstaatliche Werte, auf deren Fundament der neue Staat aufgebaut werden soll. Doch zu welcher Fraktion man auch immer gehört: Diejenigen, die die Lager überlebt hatten oder aus dem Exil zurückgekehrt waren, beginnen nun auf einem gigantischen archäologischen Feld der Verwüstung nach Spuren ihres früheren Lebens zu suchen. Sie alle werden dabei auch die Illusion gehabt haben, es möge so etwas wie eine Einsicht in die Tiefe der Schuld geben.

Doch die Realität sieht anders aus: Man wird nicht nur die menschenverachtenden Taten in vielen Fällen leugnen, sondern auch eine beachtliche Energie freisetzen, um die Rückgabe von gestohlenem Besitz zu verhindern. Dabei wurde bereits 1946 ein sogenanntes »Nichtigkeitsgesetz« erlassen, das Rechtsgeschäfte für null und nichtig erklärte, »wenn sie im Zuge einer durch das Deutsche Reich erfolgten politischen oder wirtschaftlichen Durchdringung vorgenommen worden sind, um natürlichen oder juristischen Personen Vermögenschaften oder Vermögensrechte zu entziehen, die ihnen am 13. März 1938 zugestanden sind«.

Die Suche nach den gestohlenen Bildern

»Ich nehme an, dass es nicht schwer sein wird, die einzelnen Stücke, die ja sehr wertvoll sind, in den Sammlungen Hitlers, Görings etc. aufzufinden und für Wien sicherzustellen.«

Gustav Rinesch an Franz Balke (Zentralstelle für Denkmalschutz), November 1945

Der Theorie nach hatten also alle Bestohlenen das Recht, ihren Besitz zurückzubekommen. Maria Altmann und ihre Geschwister wollten nun auch in Erfahrung bringen, wo all die wertvollen Bilder und Kunstschätze ihrer Familie geblieben waren, und bald beginnt der bewährte Freund der Familie, Anwalt Gustav Rinesch, der ja bereits für Ferdinand Bloch-Bauer erste Recherchen durchgeführt hatte, Briefe an die Zentralstelle für Denkmalschutz, das Staatsamt für Volksaufklärung sowie die Militärregierung in München zu schreiben, um nur einige zu nennen. Natürlich wendet er sich auch an die Direktion der Österreichischen Galerie. Die Informationen, die er bekommt, sind zunächst nicht viel mehr als vereinzelte Puzzlestückchen, aber seine Beharrlichkeit führt dennoch dazu, dass langsam Konturen einer Landkarte sichtbar werden, in die Rinesch bald imaginäre Fähnchen stecken kann, wenn wieder ein Bild entdeckt wurde. Er sucht dabei ja nicht nur nach den Klimt-Bildern, sondern nach dem gesamten, über 400 Kunstwerke zählenden Besitz der Bloch-Bauers, und darüber hinaus geht es auch um die entzogenen Firmenbeteiligungen und den Immobilienbesitz.

Von Klimts Bildern werden 1947 die beiden Porträts *Adele Bloch Bauer I* und *II* und *Apfelbaum I* als im Besitz der Österreichischen Galerie identifiziert, das Gemälde *Buchenwald/Birkenwald* befindet sich in der Städtischen Sammlung, *Schloss Kammer am Attersee III* war von Klimts Sohn Ucicky erworben worden, und das Landschaftsbild *Häuser in Unterach am Attersee* entdeckte man beim Nazi-Anwalt Erich Führer zusammen mit weiteren Gemälden aus der Bloch-Bauer-Sammlung.

Durch seinen persönlichen Einsatz sowie aufgrund der umfangreichen schriftlichen Korrespondenz hat Gustav Rinesch nun zwar alle Klimt-Bilder und auch viele weitere Kunstwerke ausfindig machen können, aber auch viele schlafende Hunde geweckt. Alarmiert ist vor allem der Direktor der Österreichischen Galerie, Dr. Karl Garzarolli, der nun im Haus und bei seinem Vorgänger Dr. Bruno Grimschitz Erkundigungen einholt, um nachvollziehen zu können, wie und unter welchen Umständen die Klimt-Bilder in sein Museum gekommen sind.

Grimschitz nutzte nun die Gelegenheit, um die unsaubere Tauschaktion der Bilder im Nachhinein als sauber erscheinen zu lassen und seinem Nachfolger weiszumachen, dass es ihm gelungen war, das berühmte Porträtbild mit goldenem Hintergrund gegen ein weniger wichtiges Werk von Klimt einzutauschen. Dabei berief er sich auf ein, wie er es nannte, »mündliches Legat« des Ehepaars Bloch-Bauer, demgemäß die vier Landschaftsbilder und zwei Porträts dem Museum geschenkt werden sollten, wodurch die Galerie also einen rechtlichen Anspruch auf die Bilder hätte. Er habe demnach nur umgesetzt, was ohnehin Ziel des Legats gewesen sei.

Das schien überzeugend, aber Garzarolli wollte es doch genauer wissen und verlangte Einsicht in Adeles Testament. Das Testament aber hatte, wie wir wissen, keinen bindenden Charakter, und darüber hinaus war noch jene Verfügung hinterlegt, die Ferdinand Bloch-Bauer durch seinen Bruder Gustav 1926 hatte aufsetzen lassen. In ihr war festgehalten worden, dass nicht Adele, sondern er selbst der Besitzer der Bilder war. Allerdings versprach er darin, den Wunsch seiner Gattin zu erfüllen und die Bilder dem Museum zu überlassen.

Das alles klang dennoch nicht gerade nach einer eindeutigen Verfügung zugunsten des Museums, und Garzarolli schwante, dass sich hier etwas sehr Unangenehmes zusammenbrauen könnte, zumal die Bilder eben nicht mit ausdrücklicher Zustimmung ihres Eigentümers Ferdinand Bloch-Bauer in den Besitz des Museums gekommen waren, sondern im Zuge der Arisierungsmaßnahmen und Liquidation seines Privatbesitzes. Dennoch wird das Argument, es habe einen Letzten Willen gegeben und den gelte es zu respektieren, so lange in beharrlicher Wiederholung von Museumsdirektoren oder Anwälten in die Welt gesetzt, bis alle – einschließlich der Erben – daran glauben.

Erzwungene Schenkungen, verdrehte Wahrheiten und Erpressungen

»Es galt also zu retten, was zu retten war. Sämtliche Versuche, die abgepreßten Kunstgegenstände wieder ausgefolgt zu bekommen, scheiterten.«

Bettina Looram Rothschild, Januar 1999

Nicht nur die Erben der Bloch-Bauers, alle wohlhabenden jüdischen Familien und so auch der Wiener Zweig der Familie Rothschild versuchten verzweifelt, nachdem sie den Verbleib von Kunstgegenständen ausfindig gemacht hatten, Ausfuhrgenehmigungen zu erhalten. Dr. Rinesch, der für seine in Kanada und in den USA lebenden Klienten das bestmögliche Ergebnis erzielen möchte, weiß unterdessen, dass er nicht für alle Bilder eine Ausfuhrgenehmigung bekommen wird. Er weiß auch, dass man sich auf einen möglichen Kompromiss einstellen muss – schließlich hat der Staat die Möglichkeit, Ausfuhrbewilligungen dann nicht zu erteilen, wenn der Kunstschatz von besonderer künstlerischer oder kultureller Bedeutung für Österreich ist. De facto war die Situation demnach folgende: Viele Museen hatten in der Nazi-Zeit jüdischen Besitz erworben, der als von hoher »künstlerischer und kultureller Bedeutung« eingestuft wurde. Die jüdischen Eigentümer wiederum lebten nun bereits seit geraumer Zeit im Exil im Ausland, wohin sie den übrig gebliebenen Besitz gerne transferieren lassen wollten. Damit man einen Hebel der Ausfuhrbeschränkung hatte, versuchte man nun, mit den ehemaligen Sammlern Tauschgeschäfte auszuhandeln oder sie zu Schenkungen zu veranlassen, die nichts anderes waren als Nötigungen.

Das Denkmalamt sah sich die Liste der Kunstschätze an und entschied, was im Land bleiben musste. Hierbei arbeiteten Behörden und Museen Hand in Hand. So bestätigte der Direktor der Kunstsammlungen der Albertina in Wien, Otto Benesch, dass er Klimt-Zeichnungen aus der Bloch-Bauer-Sammlung für sein Haus reklamiert hatte, nachdem für diese eine Ausfuhrbewilligung beantragt worden war: »Ich erteilte diese Bewilligung, bat jedoch, dass der Albertina 16 als Stiftung und in Anerkennung unserer Liberalität bezüglich der Ausfuhr überlassen werden möchten.«

Klimt war damals – 1948 – gerade einmal 20 Jahre tot, und man war weit davon entfernt, auch nur zu erahnen, welche Wertsteigerung gerade seine Bilder erfahren würden, also akzeptierte man einen Tauschhandel, um für andere Werke eine Ausfuhrgenehmigung zu erhalten. Doch Gemälde der Biedermeiermaler Georg von Waldmüller oder Peter Fendi, die sich ebenfalls in der Sammlung Bloch-Bauer befunden hatten, wurden nach dem Krieg weit höher geschätzt und sollten daher im Land verbleiben. Ebenso weigerte man sich, die wertvolle Sorgenthaler Porzellansammlung Ferdinand Bloch-Bauers zu restituieren, da es sich schließlich um wichtige Stücke der nationalen Identität handelte und im Krieg, so die Argumentation, bereits viele unschätzbare Werte zerstört worden seien. Dafür sollten (und mussten) die Opfer nun wirklich Verständnis haben!

Um also wenigstens einen Teil der Bloch-Bauer'schen Sammlung ausführen zu dürfen, bestätigte Gustav Rinesch schließlich, dass seine Mandanten – die Neffen und Nichten Ferdinand Bloch-Bauers – damit einverstanden seien, die besagten Klimt-Bilder der Österreichischen Galerie zu überlassen, für deren Sammlung sie einen besonders hohen Wert darstellten. Die beiden Adele-Porträts, *Apfelbaum I* und *Häuser in Unterach am Attersee* waren nun offiziell von den Erben freigegeben worden; auf die Gemälde *Buchenwald/Birkenwald* und *Schloss Kammer am Attersee III* wollte Rinesch im Zuge eines Gesamtarrangements und zugunsten anderer Gemälde aus der großen Bloch-Bauer-Sammlung verzichten und keine juristischen Ansprüche stellen. Zur Erinnerung: Das Bild *Buchenwald/Birkenwald* war, wie wir wissen, von Erich Führer 1942 an die Wiener Städtische Sammlung verkauft worden, es wurde 1948 aber der Österreichischen Galerie unter Berufung auf das Testament Adele Bloch-Bauers übergeben, nachdem der Kaufpreis von 5.000 Schilling zurückbezahlt worden war. Das Bild *Schloss Kammer am Attersee III*, welches Erich Führer von der Österreichischen Galerie im Tausch für die *Goldene Adele* bekommen und an Gustav Ucicky weiterverkauft hatte, wurde 1949 – ebenfalls nachdem die Bloch-Bauer-Erben auf ihren Anspruch verzichtet hatten – der Österreichischen Galerie übergeben. Allerdings durfte Ucicky das Bild als lebenslange Leihgabe unter der Voraussetzung behalten, dass er der Galerie weitere Klimt-Bilder nach seinem Tod hinterlassen würde. Diese versprochenen Bilder hatten allerdings ebenfalls jüdischen Sammlern gehört und waren von den Nazis enteignet worden. Es sollte noch Jahrzehnte dauern, bis auch hier den rechtmäßigen Erben Gerechtigkeit widerfuhr und die Bilder zurückgegeben werden mussten.

Zentralstelle für Denkmalschutz
im ~~Bund.~~ Ministerium für Unterricht
Der Landeskonservator in Graz

6

Zl. 1087/1-1938

Graz, den 16. September 1938

Betr.: Abwanderung jüdischer Familien.

An die

Zentralstelle für Denkmalschutz

Wien.

Ich bitte um Weisungen, in welcher Art Kunstgegenstände, die anlässlich der Abwanderung jüdischer Familien wegen ihres Wertes für den heimischen Kunstbesitz nicht zur Ausfuhr freigegeben werden können, amtlich zu behandeln sind; ist es zulässig, in solchen Fällen dem bisherigen Eigentümer nahezulegen, die Stücke einer öffentlichen Sammlung zu schenken bezw. als Leihgabe zu überlassen oder kōnen sie einfach beschlagnahmt und ohne Entschädigung zurückbehalten werden?

Der Landeskonservator:

Semetkowski

Zentralstelle für Denkmalschutz
im Min. f. inn. u. kult. Ang., Abt. IV.
eingel. am 20./9. 1938 Z. 3135 D.Sch.
mit ./. Beilagen.

Im Nachhinein ist es leicht, Gustav Rinesch für seine folgenreiche Entscheidung zu kritisieren, die Bilder so kampflos der Österreichischen Galerie überlassen zu haben. Aber das gesellschaftliche Klima, das juristische Umfeld und die ungeheuren Verstrickungen durch Sachbearbeiter und Angestellte bis hinauf zu leitenden Mitarbeitern von Ministerien waren unmittelbar nach dem Krieg darauf ausgerichtet, (wenn es ging) nichts zurückzugeben oder Rückgaben zu verzögern, Unrecht zu verschleiern und Täter zu schützen. Rinesch wird gewusst haben, dass am Ende viel weniger zu holen sei, wenn er nicht Kompromissbereitschaft signalisieren würde. Seine Mandanten wiederum, die alle im Ausland lebten, konnten aus der Ferne die Angelegenheit ohnehin nicht beurteilen, und vielleicht unterschätzten sie auch die unter der Oberfläche wabernde Boshaftigkeit im Kunstbetrieb. Möglicherweise glaubten auch sie, wie ihre Tante Adele, dass ein Mensch mit Kunstverstand und Sinn für Qualität »ein besserer Mensch« sei.

So blieb den Bloch-Bauers nicht viel anderes übrig, als sich Reproduktionen von den Klimt-Gemälden zu besorgen, wenn sie sich die Bilder anschauen wollten. Und so schreibt Marias Bruder, der in Kanada lebende Robert Bloch-Bauer, der sich nun mit Nachnamen Bentley nannte, 1965 an den damaligen Direktor der Österreichischen Galerie, Professor Dr. Fritz Novotny: »Meine Geschwister und ich haetten noch eine kleine Bitte. [...] Da wir keine Reproduktionen besitzen, möchten Sie uns einen grossen Gefallen tun, wenn Sie uns als Erinnerung an Tante Adele u. Onkel Ferdinand je ein Farbphoto oder Reproduktion senden koennten, mit gewoehnlicher Post.« Diesem Wunsch wird man bestimmt entsprochen haben.

Recht haben heißt nicht, Recht zu bekommen

»In zähem Ringen um Gerechtigkeit müssen sie [die Antragsteller] den Ländern und ihren Museen die in Washington eingegangenen Verpflichtungen abtrotzen.«

Melissa Müller und Monika Tatzkow, 2009

Über 600.000 wichtige Werke sind zwischen 1933 und 1945 von den Nazis geraubt worden, so eine Schätzung der »New York Times«. Unzählige Familien und einzelne Überlebende suchten also nach ihrem Besitz, wobei viele der Enteigneten gar nicht mehr am Leben waren. Und denjenigen, die überlebt hatten, fehlte nach dem Krieg nicht selten die Kraft, bei ausgerechnet jenen Behörden Nachforschungen anzustellen, in denen oft noch immer die Mitarbeiter saßen, von denen sie einst enteignet oder drangsaliert worden waren. Doch über die Jahrzehnte wuchs nicht nur eine andere Generation heran, die mit größerer Distanz auf die Ereignisse blickte und keine Angst mehr vor einer direkten Konfrontation mit Museen, Behörden und Institutionen hatte; auch das Bewusstsein gegenüber Nazi-Raubkunst – vor allem in Österreich und Deutschland – veränderte sich und führte in einigen Museums- oder Auktionshäusern zu einer größeren Bereitschaft, aufzuklären und Transparenz herzustellen.

1998 tagte in Washington eine diesbezüglich bahnbrechende Konferenz, die die »Washingtoner Erklärung« hervorbrachte. 44 Nationen verpflichteten sich, öffentliche Sammlungen gezielt nach Nazi-Raubkunst zu durchsuchen und »gerechte und faire« Lösungen zu finden, auch und vor allem dann, wenn juristisch eine Restitution nicht zwingend erfolgen musste. Es ging also um späte Gerechtigkeit, und es ging darum, Fälle von Alteigentümern neu zu bewerten. Dabei wurden die Erben nicht selten mit antisemitischen Klischees konfrontiert – ihnen wurde beispielsweise unterstellt, es ginge ihnen gar nicht um die Kunst, sondern nur um die Erlöse.

Ebenfalls 1998 sorgte die Beschlagnahmung zweier Bilder für einen Eklat, und zwar nicht nur in New York, dem Schauplatz der Beschlagnahmung, sondern weltweit. Das Wiener Leopold Museum hatte diese Bilder, darunter »Wally« von Egon Schiele, dem Museum of Modern Art ausgeliehen. Nach Ausstellungsende wurden beide Kunstwerke am 7. Januar 1998 aufgrund der Ansprüche zweier Erben von einem New Yorker Staatanwalt beschlagnahmt und nicht mehr an das Leopold Museum zurückgegeben. Das hatte es noch nie gegeben: dass Bilder einer Ausstellung als Raubkunst eingestuft und beschlagnahmt worden waren. Eine intensive juristische Auseinandersetzung folgte, nicht nur hinsichtlich der Frage, ob die Sicherstellung der Bilder zulässig war, sondern auch dahingehend, welche Ansprüche – die der Erben oder die des Sammlers – juristisch gerechtfertigt seien. Das Leopold Museum wurde aufgefordert, detailliert darzulegen, unter welchen Umständen die Bilder in seinen Besitz gekommen waren, und es folgte eine intensive Debatte über moralische »Ansprüche« kontra formaljuristisch korrekte Rechtsprechung. Die damalige Kulturministerin Elisabeth Gehrer lehnte die Beschlagnahmung zwar ab, versprach aber, offene Fälle »großzügig« zu handhaben, die Archive zu öffnen und Provenienzforschung aktiv zu fördern. Österreich brachte im selben Jahr das »Kunstrückgabegesetz« auf den Weg, das die Restitution aus öffentlichen Sammlungen erleichtern sollte und zu einer systematischen Recherche verpflichtete. Entscheidend für die Rückgabe sollte unter anderem die Frage sein, ob ein Kunstwerk nur deswegen in einer öffentlichen Sammlung verblieben war, weil nach dem Krieg den Eigentümern oder Erben keine Ausfuhrerlaubnis erteilt worden war.

Der mühevolle Versuch, die Geschichte zu korrigieren

»Wenn es heute in Österreich ein Bewusstsein für diese Versäumnisse und Ungeheuerlichkeiten gibt, dann ist dies zu einem großen Teil Hubertus Czernin geschuldet.«

Alfred Noll, 2006

Die Debatte über Nazi-Raubkunst und das große Vergessen, das über Jahrzehnte in Österreich (und natürlich auch anderswo) so weit verbreitet und gesellschaftlich akzeptiert war, beschäftigte zur gleichen Zeit auch einen investigativen Journalisten, der bereits Details aus der NS-Vergangenheit des österreichischen Bundespräsidenten Kurt Waldheim ans Licht gebracht und damit eine Staatsaffäre ausgelöst hatte: Hubertus Czernin. In der Tageszeitung »Der Standard« veröffentlichte er 1998 unter dem Titel »Kunstraub. Das veruntreute Erbe« eine Serie von insgesamt acht Artikeln, in denen er auflistete, aus welchen jüdischen Sammlungen Bilder und Kunstwerke in öffentlichen Museen hingen. Auch der Fall Bloch-Bauer wurde thematisiert, und wie es der Zufall so wollte, lasen Freunde von Maria Altmann diesen Artikel und erzählten ihr am Telefon davon, dass in der Zeitung behauptet wurde, die Klimt-Sammlung sei gestohlen worden.

Maria Altmann hatte natürlich auch von dem in New York beschlagnahmten Schiele-Bild gehört und auch davon, dass Österreich die Absicht bekundet hatte, von den Nazis geraubte und in staatlichen Sammlungen untergebrachte Kunst aufzuspüren und zurückzugeben. Sie überlegte also, wer ihr in diesen komplizierten Fragen weiterhelfen könne, und rief ihre Freundin Barbara Schoenberg an, die allerdings nicht zu Hause war. Stattdessen ging ihr Sohn Randol, ein junger Anwalt, ans Telefon.

Randol Schoenbergs Großväter, Erich Zeisl und Arnold Schönberg, waren beide in Wien geboren, beide waren Komponisten gewesen, und beide waren in den 1930er-Jahren in die USA emigriert. Die Kinder und Enkel der Schoenbergs und der Zeisls waren als Amerikaner aufgewachsen, und zwar in Familien, die sich Österreich nach wie vor verbunden fühlten. Randol, der sich intensiv mit seiner Familiengeschichte auseinandersetzte, hatte unter anderem Deutsch studiert und interessierte sich in hohem Maße für die Zeit der Wiener Moderne und das Erbe, das seine Großväter hinterlassen hatten. Sein Großvater hatte Klimt noch persönlich gekannt. Die Geschichte seiner Familie war untrennbar mit dem alten Wien verbunden, und für den jungen Schoenberg waren diese Exilanten nicht irgendwelche fremden Namen aus einem Geschichtsbuch, sondern Freunde oder Bekannte seiner Familie, mit denen man gemeinsam musiziert, philosophiert, gestritten, gelacht und getrauert hatte. Hinzu kam, dass Randol Schoenberg trotz seiner jungen Jahre bereits ein erfolgreicher, wenn auch nicht besonders erfahrener Anwalt war und sich für Restitutionsfälle interessierte. Er war also der ideale Mann für Maria, und er war bereit, den Fall zu übernehmen.

So begann die Korrektur einer Geschichte, von der man hätte glauben können, sie sei für immer abgeschlossen. Maria

Altmann hatte aufgrund der neuen Informationen und ermutigenden Signale aus Österreich entschieden, einen letzten Versuch zu wagen, die Bilder zurückzubekommen. Es war dieser Moment, der ihr Leben verändern würde, aber auch das Leben all jener Menschen, die in diesen komplizierten Fall verwickelt waren. Maria Altmann war jetzt 82 Jahre alt und befand sich auf der letzten Wegstrecke ihres Lebens, als noch einmal ein ganz neuer Abschnitt für sie beginnen sollte. Einer, in dem es um Wahrheit, kluge Schachzüge und Gerechtigkeit ging.

Schoenberg hatte von den Recherchen Hubertus Czernins gehört und Kontakt zu ihm aufgenommen. Während es von den USA aus schwer war, Zugang zu bestimmten Archiven zu bekommen, um etwa das Testament Adeles einsehen zu dürfen, war Czernin dies gelungen. Allerdings hatte man ihm nicht erlaubt, Kopien der Akten anzufertigen – alles musste von Hand abgeschrieben werden. Erst im Januar 1999 schickte Czernin ein Fax mit Dokumenten nach Los Angeles, darunter Adeles Testament. Es war das erste Mal, dass Maria dieses Testament sah – bisher hatte sie davon nur gehört –, und alle Familienmitglieder waren genau wie sie aufgrund der Informationen durch ihren früheren Anwalt Gustav Rinesch davon ausgegangen, dass Adeles Letzter Wille hieb- und stichfest sei. Nun konnte sie aber schwarz auf weiß lesen, dass das Testament keinen bindenden Charakter hatte und lediglich einen Wunsch zum Ausdruck brachte. Auch wusste bis zu diesem Zeitpunkt keiner der Erben, dass der Onkel – also Ferdinand Bloch-Bauer – ein Jahr nach Adeles Tod 1926 hatte protokollieren lassen, er sei der Eigentümer der Bilder.

Im März 1999 beschließt Maria Altmann nach Wien zu reisen, um direkt mit der Kulturministerin zu sprechen, die Transparenz und Großzügigkeit versprochen hatte. Maria Altmann wird später berichten, dass die Ministerin zwar freundlich gewesen sei und sich mit ihr nett unterhielt, sie aber gleichzeitig den Eindruck bekommen habe, nicht ernst genommen zu werden. Für Maria Altmann muss diese Reise in die Vergangenheit etwas seltsam Berührendes, Vertrautes und gleichzeitig völlig Fremdartiges gehabt haben. Sie stand vor dem enteigneten Haus ihrer Eltern in der Stubenbastei und vor dem ebenfalls von den Nazis enteigneten und mittlerweile heruntergekommenen Palais ihrer Tante und ihres Onkels in der Elisabethstraße, und sie wird sich dabei an Kindheitstage und die letzten schönen Wochen vor dem Einmarsch der Deutschen erinnert haben. Sie wird die Ringstraße entlangspaziert sein und einen kleinen Braunen in einem der alten Kaffeehäuser getrunken haben. Sie wird an dem Schmuckgeschäft vorbeigegangen sein, das es immer noch gab, in das sie ihr schönes Collier zur Änderung gebracht hatte, bevor sie es abholen lassen musste, um es den Männern von der Gestapo auszuhändigen. Sie wird an die unbeschwerten Tage mit Freundinnen aus der Schulzeit gedacht haben. Und dann besuchte sie die Österreichische Galerie, die sich nun Belvedere nannte, um sich die Gemälde anzusehen – ganz besonders jene aus der Zeit der Wiener Moderne. Später wird sie erzählen, dass sie jemanden bat, sie vor dem Gemälde ihrer Tante Adele zu fotografieren, aber dann von einem Museumswärter darauf hingewiesen wurde, dass Fotografieren untersagt sei. Wie seltsam wird es ihr ergangen sein in diesem Moment!

Sie traf sich mit dem Direktor dieses Museums; wahrscheinlich war sie nervös, und in jedem Fall wird sie hohe Erwartungen gehabt haben. Das Deutsch, das sie sprach, hatte einen besonderen Klang, zart und altmodisch und aus einer anderen Zeit. Seit über 40 Jahren lebte sie in den USA und sprach Englisch, aber ihre Muttersprache beherrschte sie noch immer, sie konnte sie nur nicht weiterentwickeln und sie war vermutlich wie eine Uhr stehengeblieben. Der Direktor des Belvedere gab ihr zu verstehen, man könne auf Landschaftsbilder von Klimt verzichten, aber nicht auf die Porträts. Wie schlimm muss es gewesen sein, mit der Erwartung konfrontiert zu werden, abermals verzichten zu sollen! Nicht das Museum brachte Verständnis auf für eine Familie, deren ganzer Besitz gestohlen worden war, sondern die Familie sollte verstehen, dass das Museum auf die Bilder nicht verzichten wollte.

Dennoch reist Maria Altmann voller Hoffnung in die USA zurück, und sie erwägt für den Fall einer Rückgabe, die Bilder in Österreich zu belassen.

Die große Enttäuschung

»Sie war so glücklich nach dem Gespräch, weil Sie sie im Glauben ließen, daß Österreich anders geworden sei.«

Hubertus Czernin an Elisabeth Gehrer, 1999

In Österreich wird das Kulturministerium nun einen Beirat bitten, zu prüfen und zu entscheiden, ob die Kunstwerke aus der Sammlung der Bloch-Bauers zu Unrecht in Österreich verblieben seien. Dabei geht es um die Zeichnungen und Gemälde ebenso wie um die Porzellansammlung. Dieser Beirat kommt im Juni 1999 zu dem Ergebnis, dass alle seinerzeit der Graphischen Sammlung der Albertina überlassenen Klimt-Zeichnungen an die Familie Bloch-Bauer zurückgegeben werden müssten. Begründet wird dies damit, dass die Bilder nur deshalb in den Besitz des Museums übergegangen waren, weil die Ausfuhrgenehmigung weiterer Kunstgegenstände seinerzeit von dieser Übereignung abhängig gemacht worden war. Der Beirat kommt auch zu dem Ergebnis, dass Teile aus Ferdinand Bloch-Bauers wertvoller Porzellansammlung restituiert werden müssen. Entscheidend aber ist das Ergebnis des Kommissionsberichts im Hinblick auf die Klimt-Gemälde in der Österreichischen Galerie. Hier berief sich die Kommission, bestehend aus vier Herren und einer Dame, auf Adeles Testament und die darin aus ihrer Sicht eindeutigen Verfügungen. Entsprechend kamen sie fast einstimmig – mit nur einer Enthaltung (nämlich jener der Dame) – zu dem Befund, dass die Bilder zu Recht im Belvedere hingen und dort auch bleiben sollten. Niemand hatte hinterfragt, ob das Testament bindenden Charakter hatte oder was es mit Ferdinand-Bloch Bauers notarieller Klarstellung, die Bilder gehörten ihm und nicht seiner Frau, auf sich hatte. Man hatte entschieden, ohne die Faktenlage im Detail geprüft zu haben, und man war sich vielleicht auch darin sicher, dass es für die Erben juristisch sehr schwierig werden würde, die Bilder von den USA aus zurückzufordern.

Der unerschrockene Journalist Hubertus Czernin kann nicht glauben, was er da liest, und er ist es abermals, der in einem offenen Brief an die Bundesministerin die ganze Kette der Argumentationsfehler der Kommission analysiert und das Verfahren »ein beschämendes Schauspiel« nennt. Am Ende seines Briefes schreibt er: »Vielleicht erinnern Sie sich an jenen März-Tag, als Maria Altmann, die letzte lebende Nichte der Bloch-Bauers, Sie besucht hat. Sie war so glücklich nach dem Gespräch, weil Sie sie im Glauben ließen, daß Österreich anders geworden sei. Ich bin gespannt, wie Sie ihr jetzt erklären wollen, weshalb Österreich doch nach wie vor so ist, wie es in diesem Jahrhundert meistens war: bürokratisch, bösartig und judenfeindlich.«

Als das Ergebnis des Kommissionsberichts in den USA eintrifft, ist Maria Altmann verständlicherweise sehr enttäuscht und wahrscheinlich ebenso aufgebracht, aber sie ist nicht bereit, klein beizugeben. Gerade hat der österreichische Staat ihr eine schwere Abfuhr erteilt, und jede andere Erbin, zumal in ihrem Alter, würde nun die Angelegenheit auf sich beruhen lassen – was auch die Hoffnung des Kulturministeriums und der Österreichischen Galerie gewesen sein dürfte. Maria aber, die die Tochter eines Rechtsanwalts ist und an Gerechtigkeit glaubt, will weiterkämpfen – jetzt erst recht! Ein Jahr später reicht ihr junger Anwalt Randol Schoenberg eine zivilrechtliche Herausgabeklage in Wien ein, mit dem Ziel, die Restitution der Bilder zu erreichen. Doch nach geltender Gesetzeslage müssen die Kläger einen Gerichtskostenvorschuss in Höhe von 1,2 Prozent des Streitwerts hinterlegen. Da der Streitwert auf 135 Millionen Dollar geschätzt wird, beläuft sich die von Maria Altmann zu deponierende Summe auf stolze 1,6 Millionen Dollar. Hinzu kommt, dass unabhängig davon, wie das Gericht am Ende entscheiden würde, alle Gerichts- und Anwaltskosten von Maria und der Erbengemeinschaft getragen werden mussten. Das ist zu viel Geld und ein zu hohes Risiko, und Maria Altmann zieht die Klage zurück. In Wien atmet man erst mal auf, und Randol Schoenberg überlegt, wie der nächste Schachzug aussehen könnte.

Maria Altmann gegen die Republik Österreich

»Ich bin jederzeit bereit, nach Wien zu fliegen, aber in Österreich will niemand mit uns reden.«

Randol Schoenberg, 2002

Wie wäre es, wenn man von den USA aus den Staat Österreich verklagen würde, sodass die Verhandlungen nicht in Wien, sondern an Marias Wohnort in Los Angeles stattfinden müssten? Wie müsste man argumentieren, um die amerikanische Gerichtsbarkeit davon zu überzeugen, eine solche Klage zuzulassen? Aber wie kann man einen souveränen Staat, der noch dazu freundliche Beziehungen zu den USA pflegt, verklagen? Ist es überhaupt realistisch, sich einen Erfolg auszumalen, und wie lange würde es dauern bis zu einer Entscheidung? Maria und Randol ahnen nicht, dass Jahre des Prozessierens vor ihnen liegen werden. Gegen einen souveränen Staat vorzugehen ist ein ehrgeiziges Projekt, aber Maria und Randol haben schlicht und einfach mehr zu gewinnen als zu verlieren.

Randol Schoenberg reicht im Jahr 2000 im Namen der Erben, Maria ist zu diesem Zeitpunkt die letzte noch lebende Nichte von Ferdinand und Adele Bloch-Bauer, am Federal Court in Los Angeles Klage ein und argumentiert unter anderem damit, dass die von den Nazis vollzogene »Arisierung« gegen internationales Recht verstoßen habe, sich die Regierung in Österreich vor und auch nach dem Krieg schuldig gemacht hätte, indem unter anderem für Ausfuhrbewilligungen Schenkungen eingefordert wurden, und die jetzige österreichische Regierung die Wahrheit bezüglich der Art und Weise, wie die Bilder in ihren Besitz kamen, verschleiern würde.

Österreich jedoch beruft sich auf seine Immunität unter dem »Staatenimmunitätsgesetz« (»Foreign State Immunities Act«). Völkerrechtlich ist es nahezu unmöglich, souveräne Staaten zu verklagen – aber es gibt, wie Randol herausfindet, Ausnahmeregelungen, die die Immunität aufheben könnten, so zum Beispiel die völkerrechtswidrige Enteignung (Enteignungsklausel), die allerdings von den Österreichern als nicht tragfähig angesehen wird, da das Staatenimmunitätsgesetz 1976 erlassen wurde und zu diesem Zeitpunkt die angeblichen Enteignungen längst stattgefunden hatten und Österreich bereits 1948 für alle Staatshandlungen Immunität zugesprochen bekam.

Groß ist die Überraschung, als das zuständige Bezirksgericht in Los Angeles 2001 gegen die Argumente der Österreich vertretenden Anwälte entscheidet und die Klagemöglichkeit zulässt. Und nun beginnen die Anwälte in den USA und in Österreich mit umfangreichen Begründungen und ebenso ausführlichen Schriftsätzen sich dagegen zu wehren, dass der Staat Österreich von einem amerikanischen Gericht verklagt werden darf.

Österreich legt gegen diese Entscheidung Berufung ein, und so geht es die nächsten Jahre weiter. Wenn ein Gericht zugunsten von Maria Altmann entscheidet, wird die andere Seite sofort in Revision gehen. Der Fall beginnt sich zu einem gigantischen Rechtsstreit auszuwachsen, in den nicht nur Anwälte auf beiden Seiten des Atlantiks, sondern zwei Regierungen, zahlreiches Botschaftspersonal und sogar das

US-Justizministerium involviert sind. Mit jeder Instanz wird die Geschichte der alten Dame, die Österreich verklagen will, zu einem größeren Medienereignis. Wieder mal – wie so oft in der Historie der Ungerechtigkeiten – kämpft David gegen Goliath, und eine Entscheidung bezüglich der Klimt-Bilder ist nicht in Sicht. Noch wird ausschließlich um die Zuständigkeit der Gerichte gestritten.

2002 aber weist ein Berufungsgericht den Einspruch Österreichs zurück und erteilt Randol und Maria grünes Licht, den Fall in den USA zu verhandeln. Dies ist ein wichtiger Etappensieg. Aber nicht nur das: Es ist eine Entscheidung von großer internationaler Tragweite, denn zum ersten Mal fällt das Urteil, dass im Falle von Entschädigungsleistungen aufgrund von Naziverbrechen ein anderes Land vor einem US-Gericht zur Rechenschaft gezogen werden kann. Diese Entscheidung ist jetzt nur noch vor dem obersten Gericht der USA, dem Supreme Court, anzufechten. Dort werden aber nur jene Fälle zugelassen, die eine hohe Bedeutung haben: so hoch, dass sie die Verfassung oder sehr wichtige, ungeklärte Rechtsfragen betreffen. Ob gleichgeschlechtliche Ehe, Waffenrecht, Gesundheitsreform, Abtreibung – Fragen von grundsätzlicher Bedeutung werden hier entschieden. Entsprechend niedrig ist die Quote.

Das Höchstgericht wird Recht sprechen

»Wenn ich am Leben bin und es mir gut geht, werde ich kommen.«

Maria Altmann, 2004

Wird Maria Altmanns Fall zu diesen Ausnahmen gehören und vom Obersten Gericht angenommen? Und falls ja: Wird Randols Argumentation, das Land seiner Großväter könne keine Immunität beanspruchen, zusammenbrechen wie ein Kartenhaus? Was wäre, wenn sie jetzt in dieser letzten Instanz verlieren würden? All die vergangenen Jahre, in denen sie sich in diesem gigantischen Rechtsstreit von Urteil zu Berufung und von Berufung zum nächsten Urteil durchgekämpft hatten, hätten nur Zeit und Geld gekostet, aber nichts außer Aufregung gebracht. Randol hatte all die Jahre auf Sieg gesetzt und auf ein gutes Einkommen in einer der amerikanischen Top-Kanzleien verzichtet. Mittlerweile hatte er drei kleine Kinder, und eine Niederlage würde ihn auch finanziell empfindlich treffen.

Das Höchstgericht aber erkennt die Bedeutung dieses Falles, ob sich ein Staat auf die in der Vergangenheit gewährte Immunität berufen kann, und lässt den Fall Altmann gegen die Republik Österreich und die Österreichische Galerie zu.

Nun wird es richtig ernst, und Maria wird von vielerlei Seiten den Rat erhalten, doch einen erfahreneren Anwalt hinzuziehen, der bereits am Höchstgericht aufgetreten ist und weiß, wie man dem hier üblichen Druck standhalten kann

Vor dem Supreme Court sei alles anders und Randol sehe jung und unerfahren aus; auf dieser entscheidenden Wegstrecke dürfe man keinesfalls Fehler machen. Randols Schachzüge jedoch waren letztlich alle erfolgreich; seine Argumente hatten die Gerichte und Berufungsinstanzen überzeugt. Warum sollte er ausgerechnet jetzt Beistand brauchen? Für Maria steht fest: Natürlich bleibt Randol Schoenberg ihr Anwalt. Er und kein anderer soll sie in Washington, der Hauptstadt der Vereinigten Staaten, in der das Höchstgericht seinen Sitz hat, vertreten. In einem Interview wird Maria sagen: »Das oberste Gericht ist da, um Gerechtigkeit walten zu lassen. Und in diesem Fall wäre Gerechtigkeit, wenn wir zurückbekämen, was uns genommen wurde. (…) Es ist das erste Mal, dass ich etwas mit dem US Supreme Court zu tun habe. Es ist eine große Ehre, aber auf der anderen Seite fürchte ich mich auch ein bisschen.« Und auf die Frage, ob sie vorhabe, in Washington persönlich dabei zu sein, antwortet sie: »Wenn ich am Leben bin und es mir gut geht, werde ich kommen.« Maria ist am Leben, und es geht ihr gut, als sie im Februar 2004 zur Verhandlung nach Washington reist. Sie ist jetzt 88 Jahre alt.

Der Supreme Court – gegenüber dem Kapitol – befindet sich in einem beeindruckenden klassizistischen Marmorbau nach griechischem Vorbild, und jeder, der dort hineingeht, steigt die Stufen mit Ehrfurcht hinauf. Für den Ablauf der Sitzung ist alles genau geregelt. Es ist ein altes Zeremoniell: Begrüßung, Sitzordnung, Roben, ja selbst die Schreibutensilien – jeder Richter und jede Richterin haben noch immer einen Federkiel auf ihrem Platz liegen. Die Anwälte haben je 30 Minuten Zeit, um ihren Fall vorzutragen und sich den Fragen der Richter zu stellen. Es ist daher von größter Bedeutung, sofort einen guten Eindruck zu hinterlassen und den Robenträgern souveräne Antworten zu liefern.

Randol aber versteht gleich die erste Frage nicht und ist verwirrt. Er wird später erzählen, wie ihm in jenem Moment zumute war, als er den Richter bitten musste, die Frage zu wiederholen. Danach aber fühlt er sich sicher. Seit über fünf Jahren schon beschäftigt er sich mit dem Fall, und er weiß, dass seine Beweisführung bestechend gut ist. Er argumentiert, dass die Immunität eines Staates sehr wohl unter bestimmten Voraussetzungen aufgehoben werden kann, und benennt die Gründe. Er sieht in den von den Nazis durchgeführten Arisierungen einen eindeutigen Verstoß gegen internationales Recht; er belegt, wie die derzeitige österreichische Regierung die Erben über die tatsächliche Art und Weise der Inbesitznahme der Bilder getäuscht habe, und er legt dar, wie vor und nach dem Krieg jeweils die gleichen Verantwortlichen über Entzug von Eigentum und deren Rückgabe urteilten. Aber all das genügt noch nicht. Er muss den Beweis für eine wichtige Ausnahme liefern, damit das »Staatenimmunitätsgesetz« aufgehoben werden kann. Die Wegnahme des Besitzes muss nicht nur gegen internationales Recht verstoßen, sondern Randol muss auch nachweisen, dass der enteignete Besitz in den USA zu kommerziellen Zwecken genutzt wurde. Den Beleg für die kommerzielle Aktivität liefert Randol Schoenberg, indem er auf englischsprachige Publikationen (Ausstellungskataloge und Tourismusbroschüren) des Museums Belvedere und der österreichischen Botschaft in den USA verweist, die mit dem Porträt der *Goldenen Adele* für einen Besuch im Land und im Museum werben. Von dieser Werbung und den Buchverkäufen, so Schoenbergs Argument, würde das Museum direkt profitieren.

In den Augen des erfahrenen Prozessbeobachters David F. Pike, der für das »Los Angeles Daily Journal« über Fälle am Supreme Court schreibt, hat Randol dennoch keine Chance, und so ist sein Artikel mit der wenig Mut machenden Überschrift »Gericht wird den Fall wahrscheinlich abweisen« betitelt.

Nun heißt es also, die Ungewissheit auszuhalten, bis die Entscheidung des Supreme Court gefallen ist. Maria Altmann wird später sagen, sie habe in dieser Phase kein bisschen Hoffnung gehabt. Im Juni 2004, kurz vor der Sommerpause, werden Randol und Maria erfahren, ob der Journalist David F. Pike, der sich nach eigenen Angaben im Laufe von 30 Jahren mit seinen Prognosen nie geirrt hat, auch dieses Mal Recht behalten wird.

Es sind neun Richter, die am Supreme Court das Urteil fällen, und es wäre bei einer solchen Grundsatzentscheidung von besonderer Bedeutung, wenn eine deutliche Mehrheit zu einem Ergebnis kommen würde. Wäre es realistisch, anzunehmen, dass diese Richter, von denen einige vom republikanischen Präsidenten George W. Bush nominiert worden waren, dessen Regierung mit den österreichischen Anwälten im Vorfeld sympathisiert hatte, zu einer unabhängigen Entscheidung kommen könnten?

Am 7. Juni 2004 ist es so weit. Die mit Spannung erwartete Entscheidung wird verkündet und ist eine Sensation. Mit sechs zu drei Stimmen hatten die Richter beschlossen, dass Maria Altmanns Fall nunmehr in den USA weiterverhandelt und am District Court in Los Angeles fortgesetzt werden könne. Die Staatenimmunität, auf die sich Österreich berufen hatte, wurde aufgrund völkerrechtswidriger Enteignungen aufgehoben. Das hatte es noch nie gegeben, dass die

USA über einen souveränen Staat wie Österreich zu Gericht sitzen könnten. Und die Entscheidung war nicht mit knapper Mehrheit gefallen, sondern eindeutig.

Während Maria jubelt und Randol sein Glück nicht fassen kann, beginnt man in Österreich zu begreifen, dass damit zwar noch kein Prozess um die Herausgabe der Bilder gewonnen ist, die Angelegenheit aber sehr ungemütlich, langwierig und kostspielig werden könnte. Man weiß, dass hier ein neues Kapitel in der amerikanischen Rechtsverfassung aufgeschlagen worden war, und niemand konnte nun vorhersagen, was das für den Bloch-Bauer-Fall bedeuten würde.

Auch Randol ist sich darüber im Klaren, dass er nun zwar ein besseres Druckmittel in der Hand hatte, aber weitere Jahre des Prozessierens vor ihm liegen. Aber erst einmal ist der so jung wirkende Anwalt, dem man nicht zugetraut hätte, dass er überhaupt so weit kommen würde, überglücklich. Er hat das Unglaubliche geschafft, und es hat wohl im Vorfeld kaum einen Anwaltskollegen gegeben, der nicht auf Niederlage gewettet hätte.

Nachdem Randol von seinem Sieg erfährt, ruft er unverzüglich Hubertus Czernin in Wien an. Ohne Czernin wäre es nicht möglich gewesen, diesen juristischen Triumph zu erringen. Czernin hatte gründlich in den Archiven recherchiert und unter schwierigen Bedingungen gearbeitet; er hatte die entscheidenden Dokumente gefunden und in die USA gesandt; er hatte die Haltung der österreichischen Regierung und der Museen in Wien immer wieder öffentlich kritisiert und damit auch die Atmosphäre im Land verändert – Fälle wie diese wurden nun anders betrachtet. Er hatte die Menschen dahingehend sensibilisiert, dass sie fortan genauer auf die Formulierungen in Politik und Gesellschaft achteten, wenn es um Judenverfolgung, Gerechtigkeit und Restitution ging. Er war einer der geistigen Väter dieser ungewöhnlichen Entscheidung, die an diesem Sommertag im Juni 2004 vom amerikanischen Höchstgericht getroffen worden war.

Eine schwerwiegende Entscheidung

»Es war hochriskantes Pokern. Es hing alles von den drei Schiedsrichtern ab. Es war ein gigantisches Spiel, was sehr komisch ist, weil ich eigentlich sehr risikoscheu bin.«

Randol Schoenberg, 2006

Doch nun musste die nächste Hürde genommen werden. Wie sollte es weitergehen und wie ließ sich die Wahrscheinlichkeit erhöhen, die Bilder ausgehändigt zu bekommen, solange Maria noch am Leben war?

In Österreich versucht man unterdessen, das um sich greifende Entsetzen über das mögliche Ausmaß der Entscheidung so zu verpacken, dass es weniger schmerzt. Jetzt werden auch die ersten Stimmen laut, die zu bedenken geben, man hätte nicht so lange warten und mit Maria Altmann einen Kompromiss finden sollen. Vielleicht hätte es vor fünf Jahren noch eine Möglichkeit gegeben, eine juristisch weniger langwierige und für beide Seiten akzeptable Lösung zu finden. Aber es hatte keine ernsthaften Bemühungen um eine außergerichtliche Lösung gegeben – vermutlich war man sich in Wien zu sicher gewesen, das Recht auf seiner Seite zu wissen. Randol Schoenberg wird später der Presse mitteilen, er hätte sich des Eindrucks nicht erwehren können, die Gegenseite hätte all die vergangenen Jahre auf Verzögerung und das Ausloten aller juristischen Mittel gesetzt. Österreich und das Museum hätten nicht auf Augenhöhe verhandeln wollen, und bereits 2001 hatte Maria gesagt: »Sie verzögern, verzögern, verzögern – in der Hoffnung, ich würde sterben. Aber ich werde ihnen den Gefallen nicht tun und am Leben bleiben.«

Der District Court in Los Angeles, der nun nach der Entscheidung des Supreme Court wieder für den Fall zuständig war, regte an, die streitenden Parteien sollten sich doch zu einer Mediation bereit erklären, um eine außergerichtliche Lösung zu finden. Randol hatte bereits vor der Anhörung am Supreme Court die Möglichkeit sondiert, den Fall einer Schiedskommission in Österreich vorzulegen. Diese Kommission wäre so zusammengesetzt, dass Kläger und Beklagte je ein Mitglied stellen und diese beiden dann eine dritte Person auswählen. Das Schiedsgericht bestünde also aus drei Personen, die natürlich mit besonderen juristischen und historischen Kenntnissen ausgestattet sein müssten, und beide Seiten würden sich verpflichten, den Schiedsspruch, wie auch immer er ausfiele, anzunehmen. Juristisch gäbe es für beide Seiten dann keine Möglichkeit mehr, das Urteil anzufechten. Die Würfel wären gefallen, und es gäbe nur einen Sieg oder eine Niederlage, keinen Kompromiss, keinen Vergleich. Ein Schiedsgericht ist immer ein waghalsiger Schachzug, und wer auch immer diese Partie verliert, ist schachmatt.

Als Maria und Randol sich für dieses Schiedsverfahren entscheiden, gibt es in Wien nicht wenige, die innerlich bereits jubilieren und den Sieg für das Museum in greifbarer Nähe glauben. Drei Schiedsrichter – alle aus Österreich – sind sich der Bedeutung dieses Verfahrens bewusst. Alle drei sind aber im Unterschied zu der Kommission, die 1999 die Rückgabe abgelehnt hatte, erfahrene Juristen. Der Rechtsanwalt und Restitutionsexperte Dr. Andreas Noedl wird von Randol

Schoenberg nominiert und der Dekan der Rechtswissenschaftlichen Fakultät der Universität Wien, Prof. Dr. Walter Rechberger, von der Republik Österreich. Die nun ausgewählten Schiedsrichter einigen sich auf einen Dritten und wählen den Rechtswissenschaftler und Autor zahlreicher juristischer Standardwerke, Prof. Dr. Peter Rummel.

Die *Goldene Adele* gilt als *Mona Lisa* Österreichs. Es geht für viele um nichts weniger als um ein zentrales und identitätsstiftendes Nationalerbe, auf das Österreich einfach nicht verzichten kann. Aber genau um diese Frage des Erbes wird es auch den Erben gehen. Darf man behalten, was einem möglicherweise nicht gehört? Hätte Adele, wenn sie nicht gestorben wäre, sondern den Einmarsch der Nazis erlebt hätte, die Bilder noch immer der Galerie hinterlassen? Einem Museum, dessen Geschicke ab 1938 von Parteimitgliedern und Nazi-Sympathisanten abhingen? Adele wäre, wie ihrem Mann, nur die Flucht geblieben, und sie hätte alles zurücklassen müssen. Wenn sie nicht geflohen wäre, hätte man sie in ein Konzentrationslager gebracht. Vielleicht wäre sie vorher noch dazu gezwungen worden, die Straßen unter Hohngelächter zu schrubben. Adele hätte spätestens nach dem »Anschluss« im Jahr 1938 erkannt, dass ihre Heimatstadt kein Ort der Humanität und der wahren Kunst mehr war, würdig, ihre geliebten Bilder aufzubewahren, sondern einer der Unmenschlichkeit, Demütigung, Vertreibung, Gier, des Neids, der Lügen und des Opportunismus. Sie hatte ihrem Mann in ihrem Testament wohlweislich die letzte Entscheidung überlassen, und dieser hatte davon Gebrauch gemacht und 1945 sein Erbe seinen Nichten und Neffen hinterlassen. Sehr bewusst hatte er sich von dem Wunsch seiner verstorbenen Frau distanziert, die nicht ahnen konnte, wie sich die Welt schon acht Jahre nach ihrem Tod verändert haben würde. Er hatte dabei in ihrem Sinne gehandelt.

Würden nun die Rechtswissenschaftler, aus denen sich das Schiedsgericht zusammensetzte, im Interesse von Ferdinand Bloch-Bauer und seinen Erben handeln oder zu einem ganz anderen Ergebnis kommen? Wäre es nicht doch besser und vielleicht auch gerechter, vor einem US-Gericht zu prozessieren, statt sich drei Schiedsrichtern auszuliefern, von denen man nicht wusste, was sie tun würden? Und als dritte Variante hätte man immer noch jederzeit den Rechtsweg in Österreich wählen können. Aber Randol Schoenberg und Maria Altmann hatten sich entschieden.

Im September 2005 reist Randol Schoenberg nach Wien, um vor dem Schiedsgericht den Fall zu präsentieren. Bis zum Urteil der Kommission wird kein Wort über den Verlauf des Prozesses an die Öffentlichkeit dringen. Hinter den Kulissen geht es um die entscheidende Frage, ob Adeles Wille bindenden Charakter hatte. Welche Rolle spielte die Tatsache, dass Ferdinand Bloch-Bauer 1926 notariell hatte feststellen lassen, dass er der Eigentümer der Bilder war und nicht seine Frau? Inwiefern wurden die Bilder nach dem Krieg deswegen nicht zurückgegeben, weil man sie als Schenkungen einforderte, um dann im Gegenzug andere Kunstgegenstände zur Ausfuhr freizugeben?

Am 15. Januar 2006 ist es endlich so weit: Das Schiedsgericht war zu einer Entscheidung gekommen. Alle drei Rechtsberater vertraten dieselbe Sichtweise: Sie entschieden, dass fünf Bilder von Gustav Klimt den Erben von Ferdinand und Adele Bloch-Bauer zurückgegeben werden müssen. Aber nicht nur das Urteil wird international als Sensation gewertet, sondern auch die Tatsache, dass es einstimmig gefällt worden war. Randol wird später auf die Frage, warum er sich für das Schiedsverfahren entschieden hatte, antworten: »Ich dachte, es sei unsere beste Chance, die Bilder zu bekommen. Ein Sieg an einem US-Gericht hätte möglicherweise in Österreich nicht durchgesetzt werden können. Maria war 89 Jahre alt. Die Zeit war also nicht auf unserer Seite, und sie [die Gegenseite] hatten bisher jede Wendung blockiert.«

Maria Altmann, die selbst in Los Angeles geblieben war, wurde von Randol vom Ausgang des Schiedsgerichts benachrichtigt, nachdem er einen freien Moment fand und nicht gerade von der Presse belagert wurde. Maria war außer sich vor Freude. Sie hatte gewonnen!

In Österreich war das Entsetzen nach dem Urteil hingegen groß, und im Museum Belvedere herrschte Schockstarre. Die Bilder würden das Land verlassen, wenn man jetzt keine Möglichkeit fände, sie mithilfe von finanzkräftigen Sponsoren oder Investoren zu kaufen. Die Bitte um eine Leihgabe lehnte Maria Altmann ab, dafür war in den vergangenen Jahren zu viel guter Wille auf ihrer Seite zerstört worden, aber sie bot dem Staat Österreich ein Vorkaufsrecht an. Allerdings wurden die Gemälde auf 300 Millionen Dollar geschätzt, und es gab bereits im Vorfeld Interessenten aus der ganzen Welt, die selbst vor diesen Summen nicht zurückschreckten. Dennoch suchte man in Österreich nun nach finanzkräftigen Mäzenen, sodass die Bilder im Land verbleiben könnten. Im Nachhinein mutet es merkwürdig an, dass der Staat nicht mithilfe von Kunstförderern aus der Wirtschaft – schließlich hatte man ja immer damit argumentiert, die Gemälde seien für die nationale Identität von so großem Interesse – die notwendigen Mittel aufbringen konnte.

Als klar war, dass die Gemälde das Belvedere und das

Maria Altmann und Randol Schoenberg im Jahr 2000

Nach der Restitution des Gemäldes »Adele Bloch-Bauer I«: Ronald S. Lauder, der das Bild für die Neue Galerie in New York erworben hat, und Maria Altmann im Jahr 2006

Land verlassen würden, bildeten sich vor dem Museum lange Schlangen von Kunstinteressierten, die die Bilder ein letztes Mal sehen wollten. Sie taten es mit Wehmut, aber vielleicht auch mit Freude über die Wiedergutmachung einer alten Schuld. Dann wurden die Bilder sorgfältig verpackt und in die USA verschickt.

Ronald S. Lauder, der Sohn der weltweit erfolgreichen Erfinderin von Kosmetikartikeln Estée Lauder, hatte mit größtem Interesse Randols Siegeszug vor den diversen Gerichten nicht nur verfolgt, sondern ihn fünf Jahre lang aktiv unterstützt, indem er dafür sorgte, dass Schoenberg von Experten beraten wurde, darunter von dem international renommierten Anwalt Charles Goldstein. Lauder finanzierte auch Gutachten in diesem Rechtsstreit und hatte als ehemaliger Botschafter der USA in Wien (1987), als zur Zeit des umstrittenen Bundespräsidenten Kurt Waldheim dessen Kriegsvergangenheit und SA-Mitgliedschaft vor allem auch durch Hubertus Czernin an die Öffentlichkeit kam, ein besonderes Interesse, dass hier gegenüber einer österreichisch-jüdischen Familie Recht gesprochen würde. Seit Lauder 14 Jahre alt war, sammelte er Kunst. Zusammen mit dem Kunsthändler Serge Sabarsky hatte er ein Museum in New York geplant und 2001 eröffnet, die Neue Galerie, spezialisiert auf deutsche und österreichische Kunst des frühen 20. Jahrhunderts, in der ein Wiener Kaffeehaus echte Melange und Mohnstrudel serviert. Ein angemessener Platz für Adele, umgeben von alten Bekannten aus Wien – wie Schiele und Kokoschka – und Arbeiten aus den Wiener Werkstätten. Während die anderen vier Klimt-Bilder zu Rekordsummen an anonyme Bieter versteigert wurden und nun in Privatbesitz sind, kaufte Ronald S. Lauder die *Dame in Gold* und machte das teuerste Bild der Welt der

Die Präsentation des Gemäldes in der Neuen Galerie in New York

Öffentlichkeit wieder zugänglich. Eine Präsentation des Bildes im Museum hatte Ronald Lauder versprochen und Maria Altmann hatte aus diesem Grund auch ihm das Bild verkauft.

Maria Altmann hatte sich in all den Jahren nicht kleinkriegen und nicht verunsichern lassen, sie hatte menschliche Enttäuschungen und Niederlagen hinnehmen müssen und war bis an das Oberste Gericht der Weltmacht USA gegangen; aber sie hat am Ende ihres Lebens die Ordnung wiederhergestellt – für sich, ihre Vorfahren, alle Erben und ihre Nachkommen. Wenigen ist diese Gerechtigkeit zu Lebzeiten – wenn überhaupt – widerfahren.

Die Geschichte der klugen, sinnlichen und strengen Adele und die ihres erfolgreichen Mannes, des Zuckerbarons und Kunstkenners Ferdinand, wäre längst vergessen, wenn sie nicht mit der Unterstützung von Randol Schoenberg und Hubertus Czernin in allen Details erzählt worden wäre und natürlich auch mithilfe von Maria Altmann und all derer, die sich erinnern konnten an das, was einmal war. Auch Adeles jüdische Herkunft wäre, so wie die Nazis es beabsichtigt hatten, vielleicht vergessen worden, und man würde heute nur über das *Damenbildnis mit Goldhintergrund* sprechen.

Auf die Frage, was Maria mit dem vielen Geld machen würde, antwortete sie, sie würde gerne ihrem Enkel den Besuch einer Hochschule ermöglichen, und sie selbst wolle ihr altes Auto, einen 92er-Ford, durch ein jüngeres Modell ersetzen, der sei ein bisschen peinlich. »Ich werde sonst nichts ändern, nicht das Haus, nichts.«

Maria Altmann starb 2011 im Alter von 94 Jahren in Los Angeles. Im Jahr 2015 wurde ihre Geschichte als *Die Frau in Gold* mit Helen Mirren in der Hauptrolle verfilmt, aber das Leben schreibt noch immer die besten Drehbücher.

»Diese galante Frau bemühte sich um Gerechtigkeit, und es gelang ihr, sie zu bekommen. Sie ist eine Heldin.«

Ronald S. Lauder

»Genau jene Enteignung durch die Nazis war nicht nur unrecht, sondern skrupellos unmenschlich. Wir können die Vergangenheit nicht rückgängig machen, aber glücklicherweise haben wir die Möglichkeit, heute etwas zu ändern. (…)
So wie ich es verstehe, hat Maria Altmann aufgrund verschiedener Presseartikel realisiert, dass die Möglichkeit bestand, etwas zurückzuerhalten. Es dauerte ein ganzes Jahrzehnt. Ein langer und schwerer Kampf. Ihr Vorteil war, dass ein junger Anwalt (Randol Schoenberg) sie dabei unterstützte. (…) Wir verdanken Maria Altmann sehr viel.«

Helen Mirren

Interview mit Randol Schoenberg

Randol Schoenberg wurde 1966 in Santa Monica in Kalifornien, USA, geboren. Sein Großvater väterlicherseits war der weltberühmte Komponist Arnold Schönberg (1874-1951), der 1933 in die USA emigrierte. Sein Großvater mütterlicherseits, Erich Zeisl (1905-1959), war ebenfalls Komponist, und 1938 verließ auch er Wien, um in Kalifornien der Verfolgung zu entgehen. So wuchs Randol Schoenberg in einem Umfeld auf, das sich aus jüdischen Emigranten zusammensetzte und in dem immer wieder Deutsch gesprochen wurde. Schoenberg studierte zunächst Mathematik in Princeton sowie 1987 ein Semester Mathematik und Deutsch in Berlin. Anschließend besuchte er die Gould Law School in Los Angeles, die er 1991 mit dem Juris Doctor (Berufsdoktorat) abschloss. 1998 kontaktierte ihn Maria Altmann, die mit seiner Mutter und Großmutter befreundet war, und bat ihn um juristischen Rat. In der Folge übernahm Schoenberg die Prüfung der Ansprüche durch die Bloch-Bauer-Erben. Er führte den Rechtsstreit durch alle Instanzen und gewann schließlich am Obersten Gerichtshof der Vereinigten Staaten, dem Supreme Court of the United States. Es wurden nicht nur die in diesem Buch beschriebenen Klimt-Bilder aus dem Besitz der Familie restituiert, sondern auch weitere Kunstgegenstände und Immobilienbesitz. Schoenberg lebt mit seiner Familie in Los Angeles, wo er u. a. als Anwalt arbeitet.

Wie haben Ihre Eltern die Erinnerungen an Österreich und Wien lebendig gehalten?

Unser Haus war voll mit Biedermeiermöbeln und anderen Dingen, von denen es der Familie meiner Mutter geglückt ist, sie bei ihrer Flucht aus Österreich mitzunehmen, sodass wir stets von Erinnerungen an die Vergangenheit umgeben waren. Von meinen Großeltern habe ich nur noch die Mutter meiner Mutter erlebt, aber sie hat es geliebt, alte Familiengeschichten zu erzählen. Ich bin voller Stolz auf mein österreichisch-jüdisches Erbe aufgewachsen, und habe immer großes Interesse verspürt, mehr darüber zu erfahren. Zu Halloween haben meine Eltern jedes Jahr eine große Party veranstaltet, zu der meine Großmutter mit all ihren Freunden kam. Dort habe ich viele der Emigranten getroffen, die in den 1970ern und 1980ern noch am Leben waren.

Wann kamen Sie das erste Mal nach Deutschland und/oder Österreich, und ab wann begannen Sie sich für Ihre Familiengeschichte zu interessieren?

Schon in einem sehr jungen Alter, ich war ungefähr 8 Jahre alt, habe ich mich für Genealogie interessiert, und meine Großmutter war eine unerschöpfliche Quelle von Geschichten und Informationen. Meine Eltern haben uns 1978, da war ich elf, das erste Mal mit nach Österreich und Deutschland genommen, von da an war ich alle paar Jahre dort.

Mit welchen Schriftstellern, Künstlern und Musikern, die im amerikanischen Exil lebten, hatte Ihre Familie Kontakt?

Eigentlich mit allen. Im Grunde war die ganze Exilgemeinde Teil unseres Lebens. Meine Mutter beispielsweise hat ihre Dissertation über Peter Altenberg geschrieben, als ich ein Teenager war. Es waren aber nicht nur diejenigen, die ins Exil gegangen waren, die gesamte österreichisch-jüdische Welt war für mich von Kindesbeinen an präsent.

Wie nahe stand Maria Altmann Ihrer Familie und seit wann kannten Sie sich?

Ich glaube, die Zeisls haben Maria kennengelernt, als sie 1942 mit Fritz nach Los Angeles kam. Fritz und mein Großvater kannten sich noch aus Wien, sie hatten sich dort in den 1920ern kennengelernt. Die Zeisls und Altmanns wurden nach 1942 sehr enge Freunde, sie feierten allen großen Familienfeste zusammen, fuhren gemeinsam in Urlaub etc. Fritz hat meine Mutter sogar zum Altar geführt (mein Großvater war da schon gestorben). Es gibt unzählige Filme und Fotos von Geburtstagen, Festen, Ausflügen etc.

Wie würden Sie Maria Altmann beschreiben? War sie so entschlossen, wie sie im Film porträtiert wird?

Sie besaß einen unglaublich charmanten Humor und eine beinahe majestätische Eleganz, aber in Geschäftsdingen und im Umgang mit Menschen konnte sie auch raffiniert und gerissen sein. Natürlich war sie eine entschlossene Frau, vielleicht jedoch nicht ganz so wie im Film. Ich kannte Maria immer als eine enge Freundin meiner Großmutter. Sie erzählte mir Geschichten über meine Großeltern, sogar über meine Urgroßmutter, und diese Erzählungen waren immer voller Humor.

Als Maria Kontakt zu Ihnen aufnahm bezüglich der Wiedererlangung der gestohlenen Kunstwerke, was dachten Sie da über den Fall und wie viel wussten Sie über die Sammlung der Bloch-Bauers?

Ich hatte das Porträt von Adele als Teenager gesehen und wusste, dass sie Marias Tante war, weil meine Mutter mir das damals erzählt hatte. Aber ich wusste nicht, dass diese Gemälde während der Nazi-Zeit verloren gegangen waren. Ich wusste nicht einmal, dass sie ursprünglich im Besitz von Marias Familie waren. Aber es überraschte mich nicht, denn Marias Familie muss sehr wohlhabend gewesen sein, in jedem Fall verglichen mit den Zeisls.

Wie viel hat sie Ihnen von ihrem alten Leben in Wien erzählt?

Maria war sehr jung, als sie Österreich verlassen hat, erst 22. Sodass sie – im Vergleich zu meiner Großmutter – nicht übermäßig viele gute Erinnerungen an Wien hatte. Maria erzählte mir, dass sie die Schwarzwaldschule [vgl. S. 17] besucht hatte (wo mein Großvater Schoenberg schon unterrichtet hatte – allerdings viel früher) und dass sie Manon Gropius kannte (ich glaube, sie hatten zusammen den Debütantinnenball besucht). Maria war das Nesthäkchen der Familie, sie war 8 Jahre jünger als ihre Schwester Luise, und dann gab es noch drei ältere Brüder. Sie sagte, dass ihre Eltern sie in dem Bewusstsein erzogen haben, dass Besitz keinen großen Stellenwert hat. So hatte es sie nicht allzu schwer getroffen, als ihr alles genommen wurde. Sie blieb immer ein sehr positiver Mensch, genau wie meine Großmutter, niemals verbittert oder negativ. Selbst von den Nazis fühlte sie sich nicht terrorisiert, sie hegte vielmehr ein Gefühl der Erleichterung, dass sie ihnen entkommen ist und sie überlebt hat. Sie betonte auch immer wieder, dass die Österreicher keine Opfer waren, sondern die Nazis willkommen geheißen haben. Daran erinnerte sie sich sehr gut. Aber sie haben Maria nicht gekriegt, und sie konnte ihren freien Geist bewahren. Ich habe bei ihr nie einen Funken Furcht gespürt.

Warum, glauben Sie, war Hubertus Czernin der Bloch-Bauer-Fall so wichtig?

Hubertus hatte als Journalist einen perfektionistischen Antrieb, er wusste, wie man eine gute Geschichte fand, ob es nun um Waldheim, den sexuellen Missbrauch durch Priester oder Nazi-Raubkunst ging. Marias Geschichte war für ihn das perfekte Vehikel, sein Können zu zeigen und Dinge ans Licht zu bringen, die andere vertuschen oder vergessen wollten. Er hatte auch ein persönliches Interesse an dem Fall, da ein Teil seiner Familie jüdisch war und er wusste, dass sie für ihr Überleben hatten bezahlen müssen. Ihm gefiel es, aufzuzeigen, dass Dinge oft nicht so sind, wie sie scheinen oder wie Leute sie sehen wollen. Außerdem hatte er, wie ich glaube, einen sehr ausgeprägten Sinn für Ehre und Gerechtigkeit, dafür, Leute in hohen Positionen nicht mit ihren Lügen davonkommen zu lassen.

Es scheint, dass Sie den ganzen Rechtsstreit über Ihren Optimismus bewahrt haben. Hatten Sie die Überzeugung, dass Sie am Ende gewinnen würden?

Ich habe immer gehofft und geglaubt, dass es möglich ist, aber ich wusste nie, wie es ausgehen würde. Mein Gefühl sagte mir, wenn wir es irgendwie umgehen können zu verlieren, gibt es am Ende vielleicht einen Weg zu gewinnen. Ich war bezüglich vieler Dinge naiv, das hat mir aber vielleicht geholfen, weiterzumachen. Ich glaube eigentlich an das Gute in den Menschen, daran, dass sie das Richtige tun, wenn man ihnen die Möglichkeit dazu gibt. Wenn sie das dann aber nicht tun, verdienen sie es, bestraft zu werden. Ich hatte eine gute Beziehung zur Presse und habe es geschafft, unser Anliegen deutlich zu machen, was wohl ein wichtiger Bestandteil des ganzen Falls war. Wenn man es mit einer Regierung zu tun hat, muss man im Hinterkopf behalten, dass es den Beteiligten vor allem darum geht, ihre Stellung zu behalten und ihr Ansehen zu wahren. Missstände öffentlich in der Presse anzuklagen, ist beinahe der einzige Weg, ihre Aufmerksamkeit zu bekommen. Schlussendlich wurde die Entscheidung aber auf Grund von Gesetzen getroffen, und wir hatten das Glück, dass das Schiedsgericht den Gesetzen folgte und für die Rückgabe der Gemälde entschied.

Dank

Danke an Randol Schoenberg für seine freundliche Bereitschaft, Fragen zu beantworten, und an Charles Goldstein für wichtige Hinweise.

Quellen

S. 11: »Ich bin im Jahr 1916 geboren«: Maria Altmann, in: *Czernin, Die Fälschung, S. 7*

S. 16: »an gebrochenem Herzen«: Maria Altmann, in: *Chablani, Die Affäre Klimt*

S. 18, 20: »Du brauchst kein Kunstgelehrter zu werden …«, zitiert in: *Czernin, Die Fälschung, S. 44*

S. 21: »Kennertum ohnegleichen«, Stefan Zweig, in: *Die Welt von gestern, S. 33*

S. 23: »Mein Mann hat sich dann entschlossen«, Adele Bloch-Bauer an Julius Bauer, 1903, zitiert in: *Natter/Frodl, Klimt und die Frauen, S. 115*

S. 26: »Genug Zensur. Ich greife zur Selbsthilfe«, Brief von Gustav Klimt an Berta Zuckerkandl, zitiert in: *Zeitkunst. Wien 1901–1907, Wien/Leipzig 1908, S. 136f.*

S. 30f.: »Wie Endgebilde der zartesten Romantik«, zitiert in: *Schweiger, Werner J., Das große Peter-Altenberg-Buch, Zsolnay, Wien/Hamburg 1977, S. 369*

S. 31: »Ob sie nun Hygieia oder Judith«, zitiert in: *Wagner, Geist und Geschlecht, S. 46*

S. 34: »Er [brachte] wissenschaftlichen«, Hubertus Czernin, in: *Der Standard (8. 3. 1999), entn.: <http://www.ifs.tuwien.ac.at/~andi/somlib/data/standard_1999/files/19990308.196.HTM>,* letzter Zugriff: 7. 5. 2015

S. 40, 43: »Krank, leidend, immer mit Kopfweh«, zitiert in: *Natter/Frodl, Klimt und die Frauen, S. 118*

S. 41: »Ich war und bin stets mein strengster Richter«, Adele Bloch-Bauer an ihren Neffen, zitiert in: *Czernin, Die Fälschung, S. 94*

S. 43: »Kunstfreunde werden sich des berühmten Bildes erinnern«, zitiert in: *Czernin, Die Fälschung, S. 94*

S. 45: »Bei klarem Bewusstsein und unbeeinflusst« und »Meine beiden Porträts«, Testament von Adele Bloch-Bauer, entn.: *<http://www.bslaw.com/altmann/Klimt/Welser.pdf> (Adeles Wille, S. 10–12),* letzter Zugriff: 7.5.2015

S. 49: »Du bist die Ruh«, Gedicht von Friedrich Rückert, 1820

S. 54, 56: »Übers Jahr zu dieser Zeit werden wir wissen«, Winston Churchill, zitiert in: *Diemer, Gebhard, Europa zwischen den Weltkriegen, Ploetz, Freiburg/Würzburg 1975, S. 91*

S. 57, 58: »Daß sie in die Wohnungen einbrachen«, Stefan Zweig, in: *Die Welt von gestern, S. 428*

S. 62: »Es war ein schwarzer Vorhang«, Maria Altmann, in: *Chablani, Die Affäre Klimt*

S. 63: »Aus Todesangst, dass sie meinen Mann verhaften würden«, zitiert in: *Czernin, Die Fälschung, S. 127*

S. 66: »Deine Gedanken wachen über mich«, Fritz Altmann an Maria Altmann, Juni 1938, zitiert in: *O'Connor, The Lady in Gold, S. 126*

S. 69: »In ungerechter Weise hat man mir in Wien«, Ferdinand Bloch-Bauer, Zürich 1943, entn.: *<http://www.bslaw.com/altmann/zuckerkandl/revision/revision.pdf>,* letzter Zugriff: 7.5.2015

S. 71: Erhalten geblieben ist eine Aufstellung des Denkmalamtes, die alle Kunstgegenstände und Sammlungen in der Elisabethstraße minutiös auflistet. Siehe: *Brückler, Kunstraub, S. 342-343*

S. 73: »moralisch frei von jeder Schuld«, Schreiben an die Finanzbehörde 1940, entn.: *<http://www.bslaw.com/altmann/Klimt/Summary.pdf>,* letzter Zugriff: 7.5.2015

S. 73: In sein Schloss zieht unterdessen die Personifikation des Bösen …, entn.: *<http://www.welt.de/politik/ausland/article12960574/Heydrich-Sohn-will-Ex-Familiensitz-renovieren.html>,* letzter Zugriff: 7.5.2015

S. 75: »Sie vertrauten uns«, Maria Altmann, o. J., *zitiert in: Collins, The Accidental Caregiver*

S. 78: »Der private Sammler war«, Hubertus Czernin, zitiert in: *Anderl/Caruso, NS-Kunstraub, S. 8*

S. 82: »Mir hat man in Wien alles genommen«, Brief von Ferdinand Bloch-Bauer an Oskar Kokoschka, Zürich 1941, entn.: *<http://www.bslaw.com/altmann/zuckerkandl/revision/revision.pdf>,* letzter Zugriff: 7.5.2015

S. 82: Bis Juli 1944 weigerten sich die Schweizer Behörden, Juden als politisch verfolgt einzustufen, was dazu führte, dass ihre Anträge auf Asyl in den meisten Fällen abgelehnt wurden. Entn.: *<http://www.literaturepochen.at/exil/lecture_5006.pdf>, <http://www.akdh.ch/ps/uek.pdf>*, letzter Zugriff: 7.5.2015

S. 83: Dieser Rechtsbruch aber war kein Einzelfall: Nazi-Behörden haben nach damaligem Wert etwa 200 Millionen Schweizer Franken eingefordert und von den Schweizer Banken auch erhalten. Entn.: *<http://www.bslaw.net/news/050418.html und http://isurvived.org/InTheNews/SwissBank-Nazis.html>*, letzter Zugriff: 7.5.2015

S. 85: »Die Landschaft um unser Haus herum«, Brief von Thomas Mann an Hermann Hesse, 1942, zitiert in: *Blubacher, Thomas, Paradies in schwerer Zeit, Elisabeth Sandmann Verlag, München 2011, S. 79*

S. 88: »Er hat sich von nazistischer Gesinnung«, Alfred Stix über Bruno Grimschitz, 1945, zitiert in: *Anderl/Caruso, NS-Kunstraub, S. 70*

S. 90: Dabei wurde bereits 1946 ein sogenanntes »Nichtigkeitsgesetz« erlassen, das Rechtsgeschäfte für null und nichtig erklärte, »wenn sie im Zuge einer durch das Deutsche Reich erfolgten politischen oder wirtschaftlichen Durchdringung vorgenommen worden sind, um natürlichen oder juristischen Personen Vermögenschaften oder Vermögensrechte zu entziehen, die ihnen am 13. März 1938 zugestanden sind«, entn.: *<http://www.provenienzforschung.gv.at/index.aspx?ID=29&LID=1>*, letzter Zugriff: 7.5.2015

S. 91: »Ich nehme an, dass es nicht schwer sein wird«, Gustav Rinesch an Franz Balke, 1945, zitiert in: *Czernin, Die Fälschung, S. 257*

S. 94: »Es galt also zu retten, was zu retten war«, Bettina L. Rothschild, zitiert in: *Trenkler, Der Fall Rothschild, S. 7*

S. 95: »Ich erteilte diese Bewilligung, bat jedoch«, Otto Benesch, 1948, zitiert in: *Czernin, Die Fälschung, S. 354*

S. 98: »Meine Geschwister und ich hätten noch eine kleine Bitte«, zitiert in: *Toman, Gottfried, Der Fall Bloch-Bauer. Causa Maria Altmann u. a. gegen Republik Österreich, entn.: <http://www.uni-graz.at/~novakr/Der%20Fall%20Bloch-Bauer.doc>, S. 38*, letzter Zugriff: 7.5.2015

S. 99: »In zähem Ringen um Gerechtigkeit«, Müller/Tatzkow, in: *Verlorene Bilder, verlorene Leben, Elisabeth Sandmann Verlag, München 2009, S. 9*

S. 102: »Wenn es heute in Österreich«, Alfred Noll, zitiert in: *Die Presse, 13.6.2006*

S. 107: »Sie war so glücklich«, Hubertus Czernin an Elisabeth Gehrer, zitiert in: *Der Standard, 30. 6. 1999*

S. 108: »Vielleicht erinnern Sie sich an jenen März-Tag«, Hubertus Czernin an Elisabeth Gehrer, zitiert in: *Der Standard, 30. 6. 1999*

S. 110: »Ich bin jederzeit bereit«, Randol Schoenberg, 2002, entn.: *<http://www.bslaw.net/news/021213html>,* letzter Zugriff: 7. 5. 2015

S. 113: »Wenn ich am Leben bin und es mir gut geht,« Maria Altmann, 2004, entn.: *<http://www.bslaw.net/news/030930.html>,* letzter Zugriff: 7. 5. 2015

S. 114: »Das oberste Gericht ist da, um Gerechtigkeit«, Maria Altmann, ebenda

S. 119: »Es war hochriskantes Pokern«, Randol Schoenberg, 2006, entn.: *<http://www.bslaw.net/news/061001.html>,* letzter Zugriff: 7. 5. 2015

S. 120: »Sie verzögern, verzögern, verzögern – in der Hoffnung, ich würde sterben«, Maria Altmann, in: *LA Times, 8. 2. 2011*

S. 123: »Ich dachte, es sei unsere beste Chance, die Bilder zu bekommen«, Randol Schoenberg, 2015, Antwort per E-Mail an Elisabeth Sandmann: »I thought it was our best chance of getting the paintings. A victory in US courts would probably not have been enforceable in Austria. Maria was 89 years old. So time was not on our side, and they had been stalling at every turn. Also, in an arbitration I could eliminate all the procedural and evidentiary issues and focus on the real question of the will and the new restitution law.«

S. 127: »Ich werde sonst nichts ändern«, Maria Altmann, 2006, entn.: *<http://www.bslaw.net/news/061001>,* letzter Zugriff: 7. 5. 2015

S. 128: »Die galante Frau«, Ronald S. Lauder in einem Gespräch mit Charles Goldstein

S. 128: »Genau jene Enteignung«, Schauspielerin Helen Mirren über Maria Altmann – die sie in dem Film »Frau in Gold« (2015) porträtierte – am 7. Juni 2016 bei einer Anhörung des Rechtsausschusses des US-Senats in Washington zu Enteignungen durch die Nazis, die Sicht der Opfer und Fragen der Restitution von Kunst. <http://www.bbc.com/news/entertainment-arts-36480538> und <http://www.judiciary.senate.gov/meetings/s-2763-the-holocaust-expropriated-art-recovery-act_reuniting-victims-with-their-lost-heritage>, letzter Zugriff: 22.8.2016

Verwendete und weiterführende Literatur

Anderl, Gabriele / Caruso, Alexandra (Hg.): NS-Kunstraub in Österreich und die Folgen, Studien Verlag, Innsbruck 2005

Brückler, Theodor: Kunstraub, Kunstbergung und Restitution in Österreich. 1938 bis heute, Böhlau Verlag, Wien / Köln / Weimar 1999

Chablani, Jane: Die Affäre Klimt (Orig.: Stealing Klimt), GB: Poppy Pictures, 2007, 90 min. insg.

Collins, Gregor: The Accidental Caregiver. How I met, loved, and lost legendary Holocaust Refugee Maria Altmann, Bloch-Bauer Books, Los Angeles 2012

Czernin, Hubertus: Die Fälschung. Der Fall Bloch-Bauer, 2 Bde., Czernin Verlag, Wien 1999

Lillie, Sophie: Was einmal war. Handbuch der enteigneten Kunstsammlungen Wiens, Czernin Verlag, Wien 2003

Lillie, Sophie / Gaugusch, Georg: Portrait of Adele Bloch-Bauer, Neue Galerie Museum for German and Austrian Art, New York 2007

Müller, Melissa / Tatzkow, Monika: Verlorene Bilder, verlorene Leben. Jüdische Sammler und was aus ihren Kunstwerken wurde, Elisabeth Sandmann Verlag, München 2009

Natter, Tobias G./Frodl, Gerbert (Hg.): Klimt und die Frauen, DuMont Verlag, Köln 2000

Natter, Tobias G.: Die Welt von Klimt, Schiele und Kokoschka. Sammler und Mäzene, DuMont Verlag, Köln 2003

O'Connor, Anne-Marie: The Lady in Gold. The Extraordinary Tale of Gustav Klimt's Masterpiece Portrait of Adele Bloch-Bauer, Alfred A. Knopf, New York 2014

Schnabel, Gunnar / Tatzkow, Monika: Nazi Looted Art. Handbuch Kunstrestitution weltweit, Proprietas-Verlag, Berlin 2007

Schorske, Carl E.: Wien. Geist und Gesellschaft im Fin de Siècle, S. Fischer Verlag, Frankfurt a. M. 1980

Trenkler, Thomas: Das Zeitalter der Verluste. Gespräche über ein dunkles Kapitel, Czernin Verlag, Wien 2013

Trenkler, Thomas: Der Fall Rothschild. Chronik einer Enteignung, Molden Verlag, Wien 1999

Wagner, Nike: Geist und Geschlecht. Karl Kraus und die Erotik der Wiener Moderne, Suhrkamp Verlag, Frankfurt a. M. 1982
Zweig, Stefan: Die Welt von gestern, Verlag Bermann-Fischer, Stockholm 1942

Bildnachweis

akg-images, Berlin: Seite 22, 28 unten, 59
Albertina, Wien: 25
Artothek, Weilheim: 9, 27, 35, 36, 37
bpk, Berlin: 86
Bundesdenkmalamt, Wien: 72, 81, 97
Burris, Schoenberg & Walden, LLP, Los Angeles: 8, 10, 13, 16, 19, 42, 50, 53
Volker Corell, Los Angeles: 124 oben, 129
Stephan Juttner, Nannhofen: 55
Neue Galerie, New York: 126
Elisabeth Sturm-Bednarczyk, Wien: 33
ullstein bild, Berlin: 124 unten
Wiener Stadt- und Landesarchiv: 46

Weitere Nachweise über das Bildarchiv des Insel Verlags.